邪馬台国と
狗奴国の時代

—古墳の方位が示すもの—

千城 央（ちぎ ひさし）[著]

JN241725

SUNRISE

本稿はNPO法人守山弥生遺跡研究会（以下「研究会」という。）の会員である筆者が、2016年5月22日滋賀県守山市における総会において、「伊勢遺跡で何が行われたのか―卑弥呼の墓は近江にあるのか―」と題して講演したものに筆を加えたものである。

　書名の『邪馬台国（やまたいこく）と狗奴国（くなこく）の時代』は、本来であれば『邪馬壹国（やまいちのくに）と狗奴国（かぬのくに）の時代』とすべきであるが、現在一般的な表記とした。


　2018年1月

　　　　　　　　　　　　千城　央

# 目　次

# はじめに

　私は邪馬台国の表記は邪馬壹国が正しいもので、その読み方はヤマタイコクではなくヤマイチノクニであり、邪馬壹とは「山市」の卑賤文字とみている。

　また、邪馬台国が支配していた北九州の伊都国の読み方は、イトコクではなくイチノクニと読むべきである。

　なぜなら、古代における「都」の発音は、チ・ツ・トの中間音（子音）であったことによる。現に、私が昨晩泊ったホテルのある所は、滋賀県守山市の都賀山であり、琵琶湖にある竹生島は都久夫須麻と表記されていたことがあった。

　同国には漢人の商人が住んでいたので、卑賤文字は使っていないが、意味からすれば「市の国」である。

　ただし、今日の話では聞いていてすぐわかるよう通例的な表記と読み方で話すこととし、その他についても同様とする。

　なお、天皇制の確立は7世紀以降のことだが、それ以前であっても『記紀』から引用する場合は、便宜上「天皇」・「帝」・「皇后」・「皇子」・「皇女」の敬称を用いることとし、用語の使い分けと本書の要旨は次のとおりである。


## 1．統治形態の区別

　①クニとは、律令時代の郡規模地域を首長が統治していた地域

②国とは、幾つかのクニを統合し、律令時代の国規模地域を王が統治していた地域

③同盟とは、少数のクニ・国が加盟し、有力国の王が代表者となっていた広域的国家

④連合とは、多数のクニ・国が加入し、有力国の王が代表者となっていた広域的国家

## ２．弥生墓の種別

①周溝墓とは、平地・丘陵地・山稜地に浅く溝を掘って区画し、低く盛土をした墓地

②塚墓とは、丘陵地・山稜地を削って整えた墓地

③墳丘墓とは、平地・丘陵地を整えて区画し、高く盛土をした墓地

## ３．57年の金印授受国

　57年後漢から金印紫綬を授かったのは、奴国王ではなく伊都国王である。

①前１世紀後半に、奴国と伊都国が前漢に朝貢した。その下賜品からみて、伊都国が上位国とされたことは明らかである。

②紀元５年王莽（おうもう）が実権を握っていた前漢に朝貢し、長安に上ったのは伊都国王とみられる。

③金印の読み方は、「漢の倭（わ）の奴（な）の国王」ではなく「漢の倭（わ）

奴国王」であり、「倭奴」は卑賤文字である。

④志賀島での発見はいかにも不自然で、江戸時代に細石神社（福岡県糸島市前原）から持ち出されたという伝承には理がある。

## 4．弥生後期の連合宗主国

①前期邪馬台国の本拠地は近江東南部、1世紀末葉の発足から2世紀後葉の倭国大乱（177～184年頃）までとなる。

②後期邪馬台国の本拠地は近江東南部、倭国大乱後の再発足から滅亡した270年までとなる。

③邪馬台国に従わない狗奴国の本拠地は美濃西部、2世紀初頭の発足から倭国大乱の時期を除き、ヤマト国に国を譲った278年頃までとなる。

## 5．鉄鍛冶王の東遷

1世紀は朝鮮で鉄器加工が盛んとなった時代で、その前葉に鉄鍛冶師が北九州に渡来し王となった。

その後葉に伊都国の鉄鍛冶王は近江へ進出し、末葉に前期邪馬台国を建て、続いて奴国の鉄鍛冶王（神武帝）は美濃へ進出し、2世紀初頭に狗奴国を建てた。

①南朝鮮・北九州では、長年に渡る金属加工・土器製造に伴う過度の森林伐採、また丘陵地における焼き畑農業があって、洪水や干ばつの被害を加速させたうえ、人口増加に伴

う土地領有の争いが頻発し、各クニ・国は広域的な移住対策を迫られていた。

②伊都国・奴国は、探鉱目的で本州に派遣していた風水師（アラハバキ）の事前調査に基づき、本州が九州よりも大きく遥か東方に広がっていることを確認済みであった。

③奴国は移住地の開墾に必要な先進技術と鉄器を安定して得るため、前1世紀半ば前漢楽浪郡に朝貢した。

④前1世紀後葉に南海トラフ大地震が起き、東海以西の太平洋沿岸・大阪湾沿岸・紀伊水道沿岸の低地域は、大津波のため壊滅的な被害を被った。

⑤伊都国同盟に加入するクニ・国は、被災地への移住を積極的に行うこととし、前1世紀末葉奴国に次いで楽浪郡に朝貢した。


## ６．東遷地の利点

北九州の鉄鍛冶王が相次いで進出した近江盆地と濃尾平野には、次のような利点があった。

①水に恵まれた水田稲作の適地であり、多くの河川が形成した扇状地に伏流水が流れ、干ばつに強い地勢であった。

②鍛冶族が求めていた鉄資材の一種で、河川の下流域や湖周辺の湿地帯に蓄積していた褐鉄鉱の優品が豊富にあった。

③本州のほぼ中央に位置し、交通の要衝であった。

## 7．連合加入国の一体化

　国同盟を拡大して連合の宗主国となった前期邪馬台国と狗奴国は、次の施策により加入国の一体化を進めた。

### ⑴　天地の祭祀を導入

　前期邪馬台国は１世紀末葉の頃、近江盆地東南部の野洲川扇状地に、倭国版明堂といえる伊勢遺跡（滋賀県守山市・栗東市）を造った。

　対抗する狗奴国は２世紀中葉の頃、美濃の象鼻山に上円下方壇（岐阜県養老町）を造った。

　その目的は、本州のほぼ中心に当たるこの地で、夏至と冬至が到来したとき盛大な祀りを行い、加入国の安寧と豊穣を祈願する、天地の祭祀を行うためであった。

　①祭祀施設の形象は、当時の朝鮮でもみられない特殊なもので、その源流は中国にあると考えられる。

　　だが、秦の中国統一以降天地の祭祀は、天子である皇帝の専権事項である。したがって、国内の王はもちろんのこと、周辺の支配国家や従属国家の王に、それが許されるものではなかった。

　②しかし、100余のクニ・国に分かれていた倭国では、前１世紀後葉に起きた南海トラフ大地震・大津波の被害を乗り越えるため、前漢末期から朝貢を繰り返し、先進文化の導入を図るとともに、密かに天地の祭祀を行っていた。

## (2)　市場網と交通網の構築

　南朝鮮・北部九州から本州に移住民を送り込むため、連合加入国に市場を設けて鍛冶師・土師（はじ）・玉作師・市場管理官を派遣し、ネットワーク化を図った。

　加入国の王は市場に通じる陸路のほか、舟による水路・海路の交通網を整えたことにより、弥生終末期の3世紀前葉には取引が大幅に拡大した。

　①『後漢書』倭伝によれば、邪馬台国に大倭王（おおいちおう）（大市王＝連合王）がおり、『魏志』倭人伝によれば、国々に市場があって大倭（おおいち）（大市＝市場管理官）という役人がおり、不正防止のため随所に中国の刺史のような一大率（しし）（市大率（いちのおおいざ）＝交易査察官）を置いていた。

　②当時の遺跡でみると、この頃から北九州では瀬戸内系の土器が増加し、その後畿内系の増加が顕著となっており、本州から九州へ土師の派遣が認められる。

　③後期邪馬台国と狗奴国が戦闘に至った原因は、卑弥呼（ひみこ）女王が魏に単独朝貢して交易物品を独占し、系列市場へ供給を増やそうとしたことにあった。

## (3)　灯火連絡網の構築

　伊都国と邪馬台国、奴国と狗奴国の間に多くの灯火台（高地性集落の一種）を設け、互いに連絡し合う灯火連絡網（律令時代の烽火（とぶひ）連絡網）が設置されていた。

①北九州に交易船が来航したこと、また連合加入国の交易舟が北九州に出発したことを連絡し合っていた。

②女王卑弥呼と狗奴国の男王卑弥弓呼の「卑弥」とは、夜間の灯火・昼間の烽火を監視する「火見」のことと解され、近江の比叡山・美濃の金華山・同象鼻山にその監視所があった。㊟卑弥弓呼の弓は「弭」の省略文字とみた。

③比叡山の「比叡」と日枝社（日吉大社の旧名）の「日枝」とは、「火枝」のことで灯火連絡網を指している。

## ８．王国の役人

『後漢書』倭伝・『魏志』倭人伝に基づく国ごとに置かれた役人の解釈は、次のとおりである。

①対海国（対馬国）

　長：卑狗＝彦（取締官）

　次：卑奴母離＝鄙守（取締官補）

②一支国（壱岐国）

　長：卑狗

　次：卑奴母離

③伊都国（市国）

　長：爾支＝禰宜（渡海託宣神官）

　次：泄謨觚＝州子（済州島系商人安曇氏族）

　補：柄渠觚＝剥ぎ子（潜水漁師宗像氏族）

④奴国（淳国）

　長：兒馬觚＝州子（済州島系商人安曇氏族）

　次：卑奴母離

⑤不弥国（有海国）

　長：多模＝玉<ruby>玉<rt>たま</rt></ruby>（玉作師）

　次：卑奴母離

⑥投馬国（津島国）

　長：弥弥＝<ruby>耳<rt>みみ</rt></ruby>（取締官）㊟耳は武人が戦場で首の代わりに
　　　耳を取ったことに因む。

　次：弥弥那利＝<ruby>耳習<rt>みみなり</rt></ruby>（取締官補）

⑦邪馬台国（山市国）

　長：伊支馬＝<ruby>伊貢米<rt>い く め</rt></ruby>（徴税官）

　次：弥馬升＝<ruby>水間人<rt>み ま と</rt></ruby>（舟師）㊟淀川と琵琶湖を結ぶ舟運の
　　　頭領

　補：弥馬獲支＝<ruby>水間掛<rt>み ま かき</rt></ruby>（舟曳師）㊟舟を上流に曳く人夫の
　　　頭領

　助：奴佳鞮＝<ruby>中手<rt>なか で</rt></ruby>（舟荷師）㊟急流で舟荷を下ろして運ぶ
　　　人夫の頭領

　市場長：大倭＝<ruby>大市<rt>おおいち</rt></ruby>（市場管理官）

　監視長：一大率＝<ruby>市 大率<rt>いちのおおいざ</rt></ruby>（交易査察官）

⑧狗奴国（河淳国）

　長：狗古智卑狗＝<ruby>囲地彦<rt>かこ ち ひこ</rt></ruby>（河川縄張官）

## 9．倭国大乱の真相

『魏志』倭人伝にある２世紀後葉の倭国大乱について、通説は国と国との戦いで古代の戦国時代とみているが、気候の大変動と大地震により、多くの国が機能不全に陥ったものである。

① ２世紀後葉の頃、気候変動による大洪水と大干ばつに加え、美濃と淡路島の断層帯を震源とする直下型大地震が２回起き、多くのクニ・国で被害があった。

② 点在する国を集めた島国の連合国家は、統一中央集権国家ではないため、大陸における大国と違って武器食糧の備蓄や兵士の徴発制度を有せず、長期間戦うことは不可能である。

## 10．邪馬台国と狗奴国の抗争

北九州の伊都国と奴国は隣接するライバル国であり、鉄鍛冶王が互いに本州へ東遷したときから抗争が始まった。
倭国大乱後になると、中国への朝貢や東国の覇権を巡って激しく対立し、２朝並立状態は３世紀後葉まで続いた。

① 前漢末期の時代、伊都国と奴国は同盟の代表として楽浪郡に朝貢し、前者は後者の上位に位置付けられた。

② 連合の代表となった伊都国の鉄鍛冶王は、57年後漢に朝貢して金印紫綬を得、その権力を背景に近江へ東遷し、前期邪馬台国を建てた。

③ 同じ頃美濃に東遷した奴国の鉄鍛冶王は、濃尾平野の東部

を前期邪馬台国から奪い、2世紀初頭狗奴国を建てて連合の宗主国となった。

④前期邪馬台国と狗奴国は、107年後漢に合同で朝貢を行なった。

⑤後期邪馬台国の卑弥呼女王は、238年魏に単独でいち早く朝貢し金印紫綬を得たが、狗奴国の卑弥弓呼男王は単独朝貢を非難して戦闘となり、その最中の247年卑弥呼女王が死去した。

⑥後期邪馬台国は物部系鍛冶族の男王を立てたが内乱となり、249年卑弥呼と同じ玉作族の壱與を女王に立てて治まった。

⑦264年崇神帝が後期邪馬台国の男弟王となり、265年狗奴国と後期邪馬台国が和解し、266年晋に合同で朝貢した。

⑧270年壱與女王が死去して後期邪馬台国が滅び、271年崇神帝がヤマト国を建てた。

⑨273年狗奴国の卑弥弓呼男王が死去し、後継の開化帝が278年頃王権を崇神帝に譲った。

⑩280年頃崇神帝がヤマト国統一連合を発足させ連合王となった。

## 11. 近江ヤマト政権が隠した倭国

『三国志』魏志にある東夷7カ国の扶余・高句麗・東沃沮・挹婁・濊・韓・倭の中で、最も詳細な国情を記述しているのが倭人伝である。

　しかし、倭国を牽引していた邪馬台国がどこにあったのか、未だに謎のままで決着がついていない。

　最大の原因は、663年の白村江（韓国忠清南道錦江湾）の敗戦後に編纂された『記紀』にあり、倭国の邪馬台国と狗奴国は、ヤマト（日本）国の歴史から除かれた。

①日本書紀によれば、神功皇后のとき倭の２人の女王が中国の魏・晋に朝貢したとあり、女王が後期邪馬台国の女王であった卑弥呼と壱與であることは明らかである。

　だが、皇后はヤマト国のひとなので、朝貢した倭国とは別の国ということになり、「日本国は倭国の別種」とする『旧唐書』日本伝の記述と一致している。

②別国にしたのは単なる誤りでなく、唐・新羅軍が本州に侵攻するのを防止するためであった。

　即ち、出兵したのは朝鮮半島の南にある倭国（九州）であって、東の本州にあるヤマト国とは別の国であると主張するためである。

　その根拠に使われたとみられるのが『魏志』倭人伝等の中国史で、倭国は帯方郡の東南にあるとした誤った方位にあった。

③別国を主張した手前、邪馬台国と狗奴国の痕跡が本州にあることは許されなくなった。

　そのため、天智帝の近江ヤマト政権により、両国の王墓と伝記が改変され、魏が授けた金印・銀印は破棄もしくは隠

匿されたとみられる。

④『記紀』も無論そうした主旨で編纂されており、あくまで
　もヤマト国の正史であって、倭国のものではないという主
　張で貫かれている。

# 1章　弥生の王墓

## 1．棺と墳墓の方位

### ⑴　没年と方位

　奈良盆地や大阪平野に点在する墳墓をみると、方位の取り方が実に多彩である。よくみると墳墓だけではなく、埋葬した棺の方位の取り方も一定ではない。棺は北枕にしたと安易に解する向きもみられるが、実態は異なっている。

　弥生中期後葉までの周溝墓に方位性は認められず、中期末になると出入口状の部分が付けられ、方位を意識して造成が行われるように変わった。

　それにしても、方位の取り方は様々であり、その妥当な理由は長年見出すことができなかったものの、今に至って次のように解される。

　文字を持たない倭国では、墓誌を作ることができなかったので、被葬者である首長や王の生没年・氏名を刻むことはなかった。

　しかし、前漢の時代に楽浪郡役所と交流を始めたことにより、中国の陰陽五行思想から生まれた十干と十二支、その陽と陽の組み合わせ30組、陰と陰の組み合わせ30組、合わせて60組からなる六十干支（兄弟）に基づく暦年の知識を取得したとみられる。

　以降、没年の干支に従って棺と墳墓の方位を定め、死者を生死の循環サイクルである陰陽五行の「巡り」に載せ、その「蘇

り」を意図したことがうかがえた。

　つまり、棺と墳墓の方位をみれば没年の干支が分かる仕組み
であるから、土器編年等によるこれまでの年代特定と併せてみ
れば、容易に没年を推定できることとなる。その具体的手法を
みてみよう。


## ⑵　十干で定める棺の方位

　①十干とは、時計回りに図1-1の各方位に配された陽と陰か
　　らなる2干を1組とし、5組からなる（かっこ内は和名）。

陽　・　　陰

甲（木の兄）・乙（木の弟）

丙（火の兄）・丁（火の弟）

戊（土の兄）・己（土の弟）

庚（金の兄）・辛（金の弟）

壬（水の兄）・庚（水の弟）

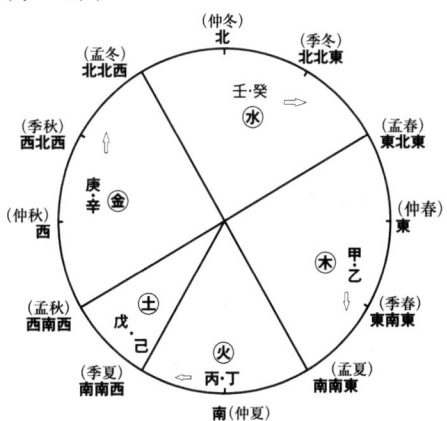

図1-1　十干と方位

②没年の干支にある十干により、図1-1に従って棺の方位（遺体の頭部の方向）を決める。

例えば、没年干支に甲か乙が付く場合棺は東側向き、丙か丁は南側向き、戊か己は南西側向き、庚か辛は西側向き、壬か癸は北側向きとする。

## (3)　十二支で定める墳墓の方位

①十二支とは、時計回りに図1-2の各方位に配された陽と陰からなる2支を1組とし、6組からなる（かっこ内は和名）。

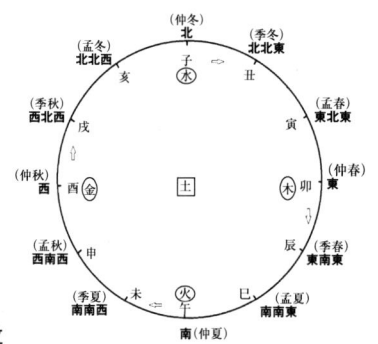

図1-2　十二支と方位

陽　　　・　　　陰

北　　＝子（ね）・北北東＝丑（うし）

東北東＝寅（とら）・東　　＝卯（う）

東南東＝辰（たつ）・南南東＝巳（み）

南　　＝午（うま）・南南西＝未（ひつじ）

西南西＝申（さる）・西　　＝酉（とり）

西北西＝戌（いぬ）・北北西＝亥（い）

②没年の干支にある十二支により、図1-2に従って墳墓の方
　位を決める。

### (4)　適用具体例

　例えば没年が「甲子」の場合、棺は十干図の「甲・乙」が配
された東北東から東南東の間の東側に向け、墳墓は十二支図の
「子」が配された北に向けることとなる。

　円形周溝墓・円墳・前方後円墳の３例を図1-3に示そう。

　その妥当性を検証するため、没年が明らかとされている次の
古墳に、この手法を適用してみよう。

①行燈山古墳（奈良県天理市）

　没年が古事記により戊寅（318年）とされる崇神陵として
　指定された前方後円墳だが、景行陵説がある。

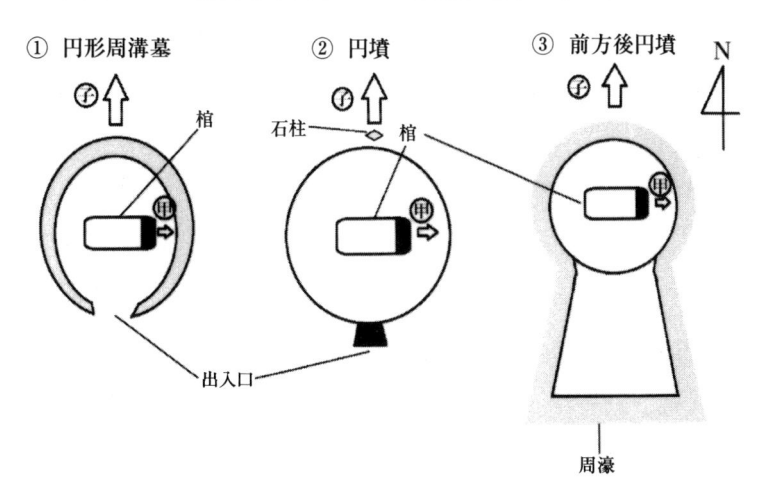

図1-3　没年「甲子」の例示

崇神陵であれば寅年なので、墳墓は東北東向きとなるべき
だが、東南東向きの辰年なので合わない。

　したがって、この古墳は景行陵で没年は壬辰（392年）と
推定されるものの、古墳周濠に陸橋があって盗掘を受けやす
すい古式形態なので、垂仁陵の可能性があり、その場合没
年は戊辰（368年）に繰り上がる（12章参照）。

②渋谷向山古墳（奈良県天理市）

　没年が4世紀末葉と推定される景行陵として指定された前
方後円墳だが、崇神陵説がある。

　墳墓は東北東向きの寅年なので、この古墳は崇神陵説が正
しく、没年は戊寅（318年）となる。

③太田茶臼山古墳（大阪府茨木市）

　没年が辛亥（531年）とされる継体陵として指定された前
方後円墳だが、真陵は近くにある今城塚古墳との説がある。

　太田茶臼山古墳の墳墓は北北西向きの亥年で、今城塚古墳
は西北西向きの戌年なので、指定は正しいようにみえる。

　だが、『上宮聖徳法王帝説』は没後2年間の空位があった
としており、『百済本紀』と併せてみれば、政変に伴う混
乱があったことは事実とみられ、『記紀』の記述そのもの
が誤りである可能性が高く、真の没年は庚戌（530年）と
推定される今城塚古墳が妥当であろう。

④梅山古墳（奈良県明日香村）

　没年が辛卯（571年）とされる欽明陵として指定されてい

る前方後円墳だが、真陵は近くにある見瀬丸山古墳との説がある。

梅山古墳の墳丘は東向きの卯年で、見瀬丸山古墳は南南東向きの巳年であり、指定は正しいとみられる。

## ２．王墓にみる九州と中四国以東の違い

### (1)　王墓の出現

弥生中期中葉にあたる前108年、前漢7代武帝（在位前140〜87年）は、朝鮮に直轄地の楽浪・玄菟・臨屯・真番の4郡を設け、半島の大半を支配下に置いている。

以降、朝鮮と倭国の交易が拡大して玉類と鉄器の交換が盛んとなり、倭国ではクニの序列化が行われ、住民間の差別化が拡大したことに伴い、弥生の墳丘墓は大型化が進んだ。

丹後半島にある全長32mの日吉ヶ丘墳丘墓（京都府与謝野町）は、前1世紀前葉の方形貼石墓で、玉作族の首長墓として代表的なものである。

ただし、こうした墓形の変化がみられるのは、中四国以東のことであって、先進地であるはずの九州では全くみられず、しかも大きな墳丘墓は造られていない。

九州の王墓は早くから朝鮮の影響があり、鏡・勾玉・刀剣からなる三種の神器を副葬品としているが、墳墓の造りはいずれも簡素で、大型のものは多人数を埋葬していた。

つまり、一般住民を徴発して王のために大きな墳丘墓を造る

図1-4　弥生の王墓遺跡

だけの権威力が、渡来した鉄鍛冶王にはまだなかったということになる。

　なお、通説は多人数の埋葬を王とその家族とするが、陰陽五行思想によれば母子は相克関係にあるため同一墓に埋葬できないとされており、殉葬者である可能性が高い。

　韓国慶尚南道金海市にある大成洞古墳群は、弁韓にあった狗邪韓国（かやかんこく）の鉄鍛冶王墓とみられるもので殉葬の風習があり、埋葬地は王墓の槨地内である。

　九州で変化が起きたのは4世紀以降の古墳時代からで、ヤマト国が大和で始めた前方後円墳の影響によるものであった。

したがって、先に見た王国の役人の職業からして、九州の主要国にいた王は朝鮮からの渡来人で、あらゆる産業の頂点にいた鉄鍛冶王とみるのが妥当である。

### (2)　北部九州の王墓

①須玖岡本墳丘墓D地点（福岡県春日市）

　　巨石下に前1世紀中頃の甕棺1基

　　漢に朝貢した奴国王墓

　　破壊により墳丘墓の大きさ不明

　　朝貢によるガラス璧副葬

②三雲南小路周溝墓（福岡県糸島市）

　　前1世紀末頃の甕棺2基

　　前漢に朝貢した伊都国王墓と王妃墓

　　（32×22m×高さ不明）

　　朝貢によるガラス璧と金銅製四葉座金具副葬

注）四葉座は蓮の花を表したとされ、四弁花座であるとの意見がある。

　（下図は福岡県教育委員会資料）

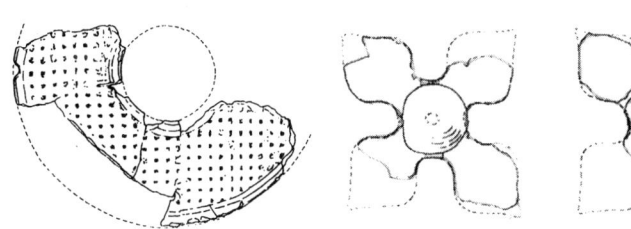
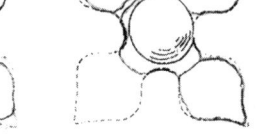

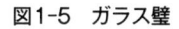

図1-5　ガラス璧　　　　　　　　　　　図1-6　四葉座金具

③吉野ヶ里北墳丘墓（佐賀県吉野ヶ里町）

　　前2〜前1世紀頃の甕棺14基

　　九州最大の国王墓（40×27×4.5m超）

　前漢の楽浪郡に朝貢して得たとされる下賜品を比較すると、伊都国を優遇したことは明らかだが、隣接する２つの国に外交権と交易権を与えたのはなぜであろうか。

　ここから始まったライバルの争いは、本州に鉄鍛冶王が東遷して邪馬台国と狗奴国を建国した後も続き、並立対抗状態はつごう３世紀に及ぶ。

　前漢の外交政策は「夷狄をもって夷狄を征す」であり、匈奴のような強大な外藩国は分裂させ、支配を容易にするというものであったから、倭国が100余のクニ・国から成る大国であることを知り、あえて行われたものだと解される。

　伊都国が下賜された四葉座金具は、死んでも皇帝の臣下であることを誓約する、つまり帝国の冊封体制に入ったことを約束した証しとなるものであった。

　なお、璧は天を表す象徴として皇帝が臣下に授けたもので、『魏志』扶余伝には王が伝世の玉璧を有しているとあり、玉製の方がガラス製より上位である。

　通説によれば、弥生中期後葉から後期にかけて地球規模の気候変動があり、洪水の多発化に伴い本州への移住者が多くなったとされてきた。

　つまり、北九州は交易や移住の通過点としての役割にとどまり、巨大な環溝集落であった吉野ヶ里が後期になって衰えたように、王国の規模は拡大しなくなっていたという。

　しかし、そうだとすれば本州にも同様の影響があったはずで

あり、現に低地の平野部から高地の丘陵や山の裾野に集落が移動するという現象がみられ、今日あるような農村の風景と重なっている。

この点について私は次のように解釈しており、決定的な影響を与えたのは③とみている。

①南朝鮮・北部九州は長年に渡る金属・土器の製作供給地であり、平野部は早くから開田され、丘陵地では焼き畑農業が行われていた。そのため、多くの森林を伐採し続けた結果、深刻な洪水被害、住民の土地争い、水争いが多発していた。

②出雲が発祥地とみられる銅剣類の祭祀、近畿が発祥地とみられる銅鐸（どうたく）の祭祀は、二大潮流となって中四国以東の各地に広まった。だが、これらの祭祀では河川流水や井泉湧水の安定に効果がないことを知り、祭祀具を鉄剣類と銅鏡に変えた。

③前1世紀後葉（弥生中期後葉）、南海トラフで起きた大地震・大津波により、東海以西の太平洋沿岸・大阪湾沿岸・紀伊水道沿岸の低地域は大きな被害を受け、その被災地に南朝鮮や北部九州から移住が盛んに行われた。

④1世紀（弥生後期前葉）、朝鮮の辰韓・弁韓で鉄器加工が盛んとなったことに伴い、伊都国と奴国は鉄鍛冶師を招いて王とし、後葉にその鉄鍛冶王は鉄資源確保のため本州に東遷した。

## 3. 中四国以東の王墓の変化

　弥生後期前葉において、伊都国と奴国は朝貢外交が功を奏し、楽浪郡との交易が活発に行われたことに伴い、中国から新たな制度や文化の直接導入が始まった。

　九州での実験結果を基とし、中四国以東に市場網を築いた結果、クニは水系ごとにまとまって国となり、同盟に加入する国が増加して連合に拡大し、国には役人が誕生して身分差が広がり、墳墓の大きさや形状が多様化している。

　また、文化面では陰陽五行思想の導入があって、王宮・祭祀・墓地の在り方に大きな変化が生れ、天文観測によって方位を定め、季節の運行を知ることができるようになった。

　この間、王墓の変化はめざましいものがあり、特徴のある墓形をした大型墓が各地で造られ、近江と美濃では高地の丘陵や山稜を削って造る中国式の塚墓を採用したものがみられる。

　代表的な事例とされる次の①は瀬戸内の中間地、②は山陰の中間地にあり、いずれも市場網による東西交流の中間拠点とみられる地域にあった。

　ただし、②に①の供献土器があることからみれば、当時の主要交易ルートは日本海側が主流で、吉備（きび）は出雲（いずも）を通じて交易品を取得していたとみてよい。

　①楯築（たてつき）墳丘墓（岡山県倉敷市）

　　倭国大乱後の2世紀後葉〜3世紀前半

　　標高50mの丘陵地に1基

不整形双方中円墳（80×43×4.5m）

木槨（3.5×1.5m）・木棺（2×0.7m）

棺の方位は北北西（壬癸）か南南東（丙丁）

墳墓の方位は北（子）で該当干支年は丙子（196年）

投馬国の鉄鍛冶王墓　㊟投馬は津島の卑賤文字

②西谷3号墓（島根県出雲市）

3世紀前半

標高40mの丘陵地に6基

四隅突出型貼石墳丘墓（40×30×4.5m、突出部7〜8×

6〜7m）

木槨・木棺の主体埋葬地に4本の建物柱穴跡

家族8人を埋葬　㊟家族ではなく殉葬者の可能性

棺の方位は北北西（壬癸）

墳墓の方位は北北西（亥）

該当干支年は癸亥（243年）

出雲国の鉄鍛冶王墓

## 4．類例のない高地塚墓

　弥生後期後葉から終末期の王墓とみられるものが、標高100m以上の高い丘陵・山頂を削って整えている。つまり、台状墓系の塚墓で方形という特色があり、近江と美濃に限定される。

　これらの墓地は、開発や出土物の発見により偶然見つかった

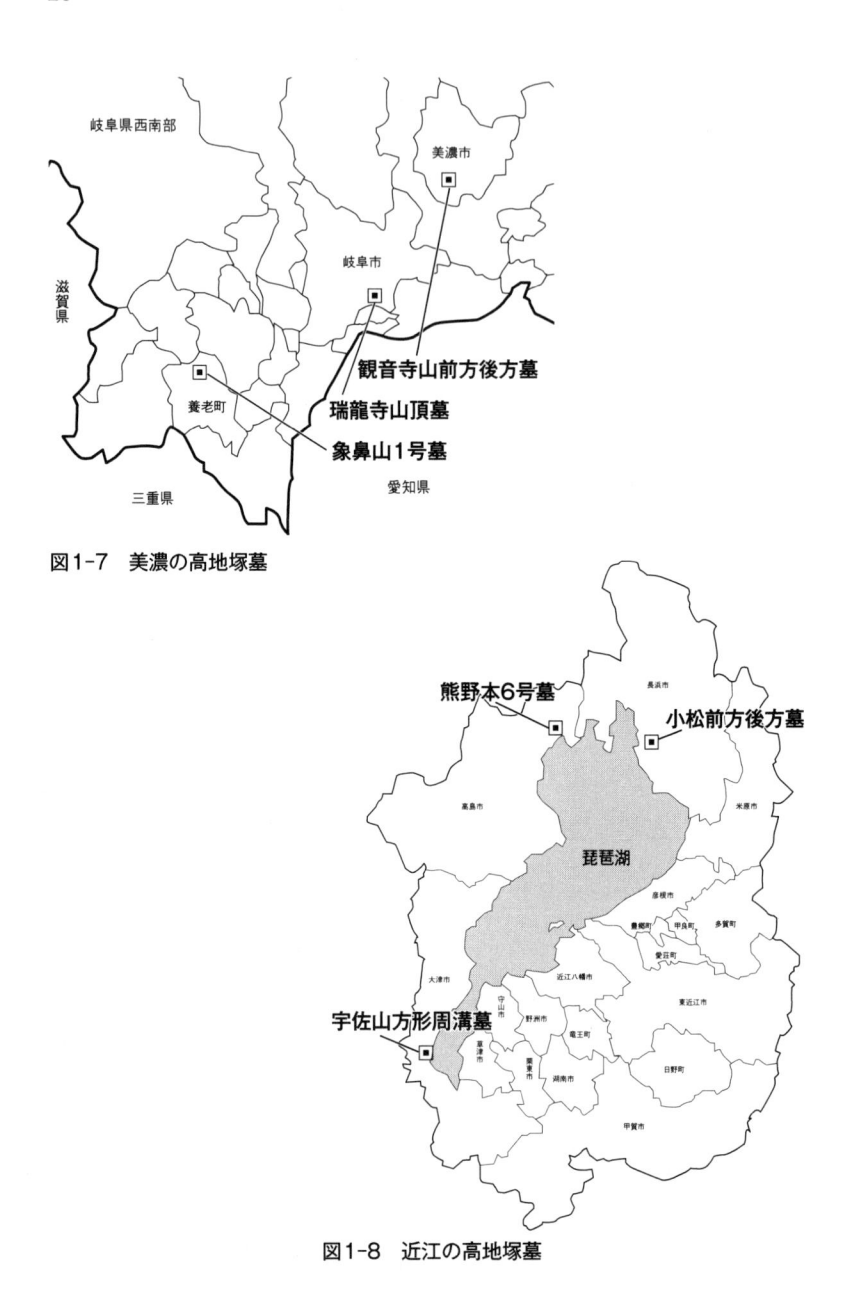

図1-7　美濃の高地塚墓

図1-8　近江の高地塚墓

ものが多いので、既に破壊されたものや未発見のものも数多く
あるのだろう。

### (1)　美濃

①瑞龍寺山頂墓（岐阜県岐阜市）

　　2世紀初頭

　　標高156mの山頂

　　全長46mの突出部付方形塚墓

　　棺の方位は北側（壬癸）か南側（丙丁）

　　墳墓の方位は北北西（亥）

　　該当干支年は丁亥（87年）

　　前期邪馬台国連合加入の火見王墓

②象鼻山1号墓（岐阜県養老町）

　　3世紀中葉

　　標高142mの丘陵地

　　全長40mの前方後方形塚墓

　　棺の方位は北側（壬癸）か南側（丙丁）

　　墳墓の方位は南南東（巳）

　　該当干支年は癸巳（273年）

　　狗奴国の卑弥弓呼男王墓の可能性大

③観音寺山前方後方墓（岐阜県美濃市）

　　3世紀中葉〜後葉

　　標高155mの丘陵地

全長21mの前方後方形塚墓

狗奴国連合加入の鍛冶王墓

(2)　近江
　①宇佐山方形周溝墓（滋賀県大津市）

　　2世紀後葉

　　標高150mの山腹

　　全長17mの方形周溝墓

　　前期邪馬台国の鍛冶師墓
　②熊野本6号墓（滋賀県高島市）

　　3世紀中葉

　　標高165mの山頂

　　全長28mの前方後方形塚墓

　　後期邪馬台国加入の鍛冶王墓

　③小松前方後方墓（滋賀県長浜市）

　　3世紀中葉〜後葉

　　標高190mの山頂

　　全長60mの前方後方形塚墓

　　後期邪馬台国加入の鍛冶王墓

(3)　造墓の理由

　これまで発見された事例からみて、王墓を見晴らしのいい丘陵地に造る動きは、少なくても倭国大乱以前の2世紀初頭から

始まっている。

　詳細は後章に譲るが、鉄鍛冶王が緊急連絡の手段として灯火台を要所地に張り巡らし、火見師を置いて連絡網を設けるとともに、西方からこの地に移住を推進したことによるものであった。

　『記紀』の神代編が、これを高御産巣日神（高木神）としたことは次章で触れるが、鉄鍛冶族がその主役を担っていたことは、国づくりの過程で生まれた多くの神々の名に、「日」や「火」を付したことからも知り得る。

　こうした塚墓の存在は、邪馬台国が7万戸を養える水田面積を持つこと（前著『邪馬壹国からヤマト国へ』〈サンライズ出版〉参照）、朝貢の証しである天地の祭祀施設があることと並ぶ重要な観点であり、同国の所在を裏付ける3番目の証しとみた。


## 5．伊都国の女王墓

　平原1号墓（福岡県糸島市）の被葬者は、伊都国の女王とされ、当初は2号墓が弥生後期前半で1号墓は後期中葉とされていた。

　だが、今では後期前葉とする説や終末期とする説があって混乱している。2世紀にも及ぶ開きが出た背景には、邪馬台国畿内説と九州説の抜きがたい対立があり、論争は収まりそうにもない。

①1号墓

低丘陵地の方形周溝墓（13×8m）

割竹型木棺

副葬品：内行花文鏡7面・方格規矩鏡32面・四璃文鏡1面・

刀剣1本・ガラス玉・メノウ玉・コハク玉

棺の方位は東側（甲か乙）

墳墓の方位は西北西（巳）

該当干支年は乙巳（285年）

②2号墓

　1号墓南側の円墳

　親族1人埋葬

③3・4号墓

　1号墓東側の円墳

　殉死者16人を直立状態で埋葬

④柱穴等の跡

　1号墓の東南に高さ20m程の立木跡

　1号墓の埋葬地上に建物跡

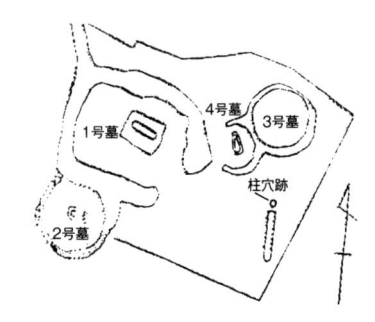

図1-9　平原遺跡見取図
（糸島市教育委員会資料）

『魏志』倭人伝の記述は信用できないというのであれば話は別
だが、交易の窓口であった伊都国を邪馬台国が累代統率するこ
とができたのは、鉄鍛冶王が東遷したことによるものである。

　遺跡でみれば、他の墳丘墓では殉死者がみられないのに、伊
都国の女王墓に限って卑弥呼と同じように殉死者を伴っていた。

　したがって、被葬者の女王は卑弥呼と同族であったとみるの

が自然である。なお、殉葬の風習は弁韓の狗邪韓国でみられることは、先に指摘した。

後述のとおり、副葬品にある32面の方格規矩鏡は、卑弥呼が加入国に分与したもので、交易のため伊都国女王が預かっていた分となる。

また、自国だけの祭祀を行うのであれば、内行花文鏡は1面で足りるはずで、6面については交易のネットワークを組んでいた次の5カ国と不明の1カ国分（狗邪韓国か？）で、祭祀をまとめて行っていたことによるものであろう(P.48 図3-1参照)。

①長崎県対馬市の対海国　㊟海は馬の誤り
②長崎県壱岐市の一支国
③佐賀県唐津市の末盧国
④福岡県北九州市の不弥国　㊟不弥は有海の卑賤文字
⑤宮崎県児湯郡の呼邑国　㊟呼邑国は『魏志』倭人伝にある傍国

東南方向に建てられた大きな柱は大山咋とみられ、中国でいえば天帝と皇帝が会合するために造られた通天台という祭祀施設に相当するものであろう。

つまり、交易の継続を願う切実な思いから、死後も太陽神に仕えるためと解され、奈良時代でも天皇の山陵を造るとき、大きな柱を建てる風習があった。


## 6. 後期邪馬台国の墓形の変化

近江の墳墓遺跡をみると、弥生後期前半は方形周溝墓のみで

あるが、卑弥呼を共立した後半になると、首長墓の中に円形周溝墓と前方後円形周溝墓が出現する。

同様の動きが摂津・河内・和泉・大和でもみられ、連合加入国が宗主国に合わせた動きと推定された。

①五村遺跡（滋賀県長浜市）

方形周溝墓群の中に前方後円形周溝墓（全長23m）

②鴨田遺跡（滋賀県長浜市）

方形周溝墓群の中に円形周溝墓（全長19m）

こうした墓形変化の原因は、後期邪馬台国の交易ルートが、日本海から瀬戸内海に変わったことをものがたっており、対立する狗奴国との関係で日本海ルートは使えなくなったため、灯火連絡網も新たに構築したのであろう。

このような交易ルートの変更を見れば、『魏志』倭人伝にある邪馬台国がどこにあったのか、その寄湊地と道程に関する疑問には、もはや触れる必要もないといえる。

また、大倭王であった卑弥呼と壱与が傍国の市場に派遣した大倭も、当然のことながら円形墳丘墓や前方後円形墳丘墓を採用している。

播磨・讃岐・阿波の東瀬戸内では、以前から円形墓があり、後期邪馬台国はそれを導入したのであるから、卑弥呼女王の塚墓がそれに反するわけがない。

『魏志』倭人伝によれば、卑弥呼の没年は丁卯（247年）か戊辰（248年）となるので、次の3例を検証してみよう。

①ホケノ山古墳（奈良県桜井市）

　3世紀中葉

　ホタテ貝型前方後円墳（全長80ｍ）

　石槨・木棺墓

　棺の方位は北側（壬癸）か南側（丙丁）

　墳墓の方位は北北西（亥）

　該当干支年は癸亥（243年か303年）または丁亥（267年か327年）

　狗奴国連合に関わる東海系と邪馬台国連合に関わる瀬戸内系の供献土器があるので、ヤマト国統一連合発足後の造墓とみられ、被葬者の没年は303年か327年に下ると推定される。

　大神神社の伝承によれば天照大御神を祀っていた豊鍬入姫命であり、壱與女王墓である箸墓古墳の祭祀を考慮すれば、妥当なものである。

②箸墓古墳（奈良県桜井市）

　3世紀中葉

　前方後円墳（全長278ｍ）

　元は周濠・陸橋付きと推定

　墳墓の方位は東北東（寅）

　該当干支年は丙寅（246年）か戊寅（258年）か庚寅（270年）

　邪馬台国の壱與女王は狗奴国の卑弥弓呼男王とともに、丙戌（266年）に晋から爵位を得ており、その没年は庚寅（270

年）とみられる。

なお、邪馬台国は近江にあったが、死者が王権をヤマト国の王となった崇神帝に差し出す儀式を行うため、大和に墳墓が造られた（詳細は11章参照）。

③八王子山（滋賀県大津市）

標高381ｍの山頂

円形塚墓と推定（全長約150ｍ）

墳墓の方位は金大巌<ruby>金大巌<rt>こがねのおおいわ</rt></ruby>がある東（卯）

該当干支年は丁卯（247年）

現在墳墓と認められていないが、私は『魏志』倭人伝にある卑弥呼の塚墓と推定している（詳細は10章参照）。

## 7．内行花文鏡による祭祀

弥生墓から出土した鏡の中で最も多いのが内行花文鏡で、①は連合加入国と同数、②・③は同盟加入国と同数、⑥は上記のとおり九州の連合加入国プラス１で、いずれも祭祀をまとめて行っていたことによる。

また、⑥に径46cmの超大型八葉鏡４面があるのは、交易船が寄湊する重要な４カ国分とみられた。

①三雲南小路１号墓（福岡県糸島市）26面以上

②　　　同　　２号墓（　　　同　　）16面以上

③須玖岡本Ｄ地点　　（福岡県春日市）13面以上

④井原鑓溝　１号墓（福岡県糸島市）　１面

⑤　　　同　　7号墓（　　　同　　）1面

⑥平原　　　1号墓（　　　同　　）7面

図1-10は瑞龍寺山頂墓か
ら出土したものの模写図であ
るが、中国で連弧文鏡（れんこもんきょう）と称さ
れる前漢末期以降の鏡で、洛
陽の墳墓から出土した鏡の中
では出土数が最も多い。

日本で出土したものの多く
は舶載鏡（外国産鏡）とみら
れるが、一部倭鏡（国産鏡）
もあるとされている。

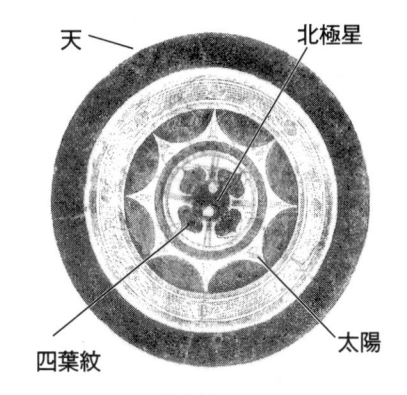

図1-10　内行花文鏡
　　　　（岐阜県教育委員会資料）

　副葬品として棺内に置かれたことから、太陽信仰の埋葬者に
とっては最も大事な鏡であったとされ、四葉紋鏡が一般的で六
葉紋鏡や八葉紋鏡もある。

　太陽信仰は農耕民に欠かせないものであったが、燃える火の
元は太陽の日であるとの考えから、火を使う鍛冶族や土師族も
信仰するようになった。

　おそらく、卑弥呼女王の墓には中四国以東における連合の加
入国数と同数の破砕されたこの鏡が埋納されたことであろう。

　図柄は道教の天円思想に基づくもので、中心の突起部分が天
極にある北極星、四葉文は東西南北を支配する四帝、その外側
が太陽であり、天上界における陰陽の世界即ち夜と昼を表現し

ている。

　仏教が中国にいつ伝来したのか諸説があるものの、紀元前後の頃ではないかとみられ、四葉文は蓮の花を象ったものである。

　なお、青銅は鉄よりも腐食し難くしかも丈夫なことから、破砕するのは容易なことではなかったにもかかわらず、被葬者にとって大事な鏡ほど死後破砕してから棺に入れた。

　その理由だが、魂のこもった所有物をそのままにしておけば、霊魂が生者（陽）の世界に取り残され、死者（陰）の世界には行けなくなって生まれ変わることができない、という輪廻の信仰によるものとみられる。

　したがって、古墳時代の三角縁神獣鏡のように原型をとどめ、しかも棺外に置かれている鏡は、被葬者にとって重要な鏡ではなかったということになる。

# 2章　気候変動と大地震

## 1．年縞にみる気候変動

　古代の気候変動期を経てきた樹木があれば、その年輪幅である年縞には、確かな刻み込みの印が残るので、変動を把握できる重要な資料である。

　奈良国立文化財研究所埋蔵文化財センターが、ヒノキの年縞から歴年標準パターンを得るため、奈良平城宮跡出土の材木（前37年〜838年の年縞）を用いたが（1988年埋蔵文化財ニュース59）、その変化は図2-1のようになっていた。

　畿内産とみられるヒノキ年縞の経年的変化は、グラフの上方が多雨のため年縞幅が大きく、下方は少雨のため小さくなっている。

　これによれば、前1世紀頃から後2世紀中葉までは、寒冷化

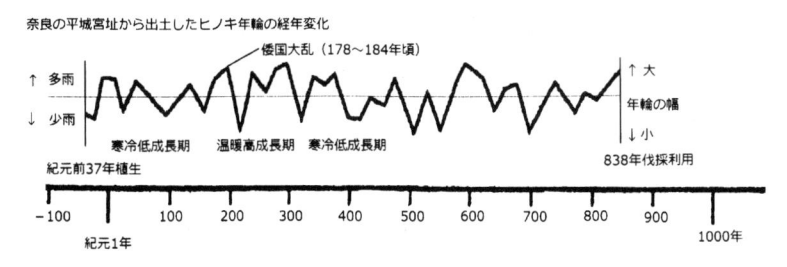

注）年縞の出典
　　「わが国における古年輪学の現状」（奈良国立文化財研究所埋蔵文化財センター　1988年）

**図2-1　ヒノキの年縞にみる気候変動**

気候により年縞幅が相対的に低く、2世紀後葉から3世紀後葉までは、温暖化気候により高くなり、古墳時代となる4世紀から6世紀中葉までは、寒冷化気候により再び低くなる傾向がわかる。

　これまで弥生中期末（前1世紀後葉の頃）以降は、気候変動により洪水被害が増加したといわれてきたが、このグラフからみればそれは誤りであり、洪水が増加したとみられるのは2世紀後葉、3世紀後葉、6世紀後葉である。

　では、弥生中期末に何があったのだろうか。

## ２．前1世紀後葉の巨大地震

### ⑴　南海トラフ大地震・大津波

　高知大学（徳島県での地層事例）・名古屋大学（三重県での地層事例）による近年の研究によれば、前1世紀後葉の頃、南海トラフで起きた巨大地震の痕跡があった。

　その規模は2011年の東日本大震災（マグニチュード9.0）を上回り、場所によっては30mを超す巨大津波があったとされる。これに伴い、東海から九州に至る太平洋沿岸・大阪湾沿岸・紀伊水道沿岸の低地域は大きな被害を受け、犠牲者も相当あったとみられる。

　その最たる事例は、巨大な環溝集落で弥生後期に衰えたとされる池上曽根遺跡（大阪府和泉市・泉大津市）で、淀川・大和川が注ぐ河内湖（河内潟）周辺の標高10～15m以下にある多

くの集落も同様であった。

　逃げて助かったとしても、海水を被った農地は塩分が無くなるまで6、7年間使用不可能となり、近江や大和など高台への移住と開墾が必須となる。

　弥生後期になると人々は環溝集落を造らず、分散して居住するようになったが、当時の奈良盆地の遺跡をみると、相変わらず環溝集落を造っている。

　おそらく各地から移住があって、治安に不安があったことによるものだろう。

　また、交易路として重要な瀬戸内海ルートの湊津が使えなくなり、日本海ルートに頼らざるを得なくなったことも見逃せない。

　国土・国家の緊急事態とみた当時の人々は、当初大いなる神の怒りに触れたとみて恐れおののき、怒りの矛先は神に仕えるクニ・国のシャーマンに向けられたことであろう。

　また、落ち着きを取り戻した頃には、高台への移住と新たな神祀りの必要性を痛感したに違いない。

　前1世紀における北九州の伊都国と奴国による前漢への朝貢は、鉄器等を取得する交易目的に限定されたものではなく、地震の少ない中国における祭祀を、倭国に導入するためでもあったと私はみている。

　一方、南朝鮮・北部九州・山陰・山陽など人口増加で困っていた地域では、被災地への移住を積極的に行ったであろう。

　そのため、巨大な環溝集落であった吉野ヶ里遺跡（佐賀県吉野ヶ里町・神埼市）は、弥生後期になって衰えたとみられる。


⑵　**南海トラフ大地震の記録**

　史実として記録された南海地震は、次の7回（推定マグニチュード8.0〜8.5）、発生間隔は最短で92年間、最長で346年間となっており、200年間代が多いことからすれば、前1世紀後葉と①の7世紀の間でも1、2回起きた可能性がある。

　2世紀後葉の倭国大乱のときどうだったのか、今のところ起きた証拠は見つかっていないが、可能性は極めて高い。

　①684年（白鳳）：同じ頃東海・東南海地震の痕跡、土佐が
　　　津波で大被害

　②887年（仁和）：同じ頃東海・東南海地震の痕跡、津波に
　　　より畿内死者多数

　③1099年（康和）：2年前に東海・東南海地震発生、津波に
　　　より畿内死者多数

　④1361年（康安）：摂津・阿波・土佐が津波で大被害

　⑤1707年（宝永）：同時に東海・東南海地震発生、関東から
　　　九州まで津波被害、富士山噴火、死者2万人

　⑥1854年（安政）：同時に東海・東南海地震発生、紀伊・土
　　　佐津波大被害、死者1000〜3000人

　⑦1946年（昭和）：2年前に東海・東南海地震発生、静岡か
　　　ら九州まで津波被害、死者1330人

## 3．2世紀後葉の大地震

　美濃と淡路島にある弥生後期後葉の遺跡に、大地震が2回起きたことを示す断層が地表に現れている。

　断層が地表に現れるのは震度7クラスの規模とされているので、1891年の濃尾地震、1995年の兵庫県南部地震に匹敵する規模であった。

　そのため、震源地に近い近畿・東海では山崩れや地盤沈下、地下水の流れが変わって井戸水や湧水が涸れる、河川の流れが変わる、水田の用水路が破壊されるといった深刻な被害が起きたとみられる。

　被害が甚大だった地域には、よりによって天地の祭祀を行っていた前期邪馬台国と狗奴国があった。

### ⑴　上円下方壇に残った断層痕

　象鼻山塚墓群の上円下方形3号壇は、山頂を削って平らにした上に、80×70mの石積方形壇を築き、その上に石積と盛土による直径17mの円壇が置かれている。

　その上表には、大地震の痕跡を示す断層が地表に現れていることから、大地震は明らかにこの祭壇が築かれた後に、関ヶ原断層帯の活動により2世紀後葉に起きたとみられるものであった。

　その北側と南側の溝は、後から掘ったものとわかったが、266年後期邪馬台国と狗奴国が合同で晋に朝貢したとき、この

祭壇で二至二郊の祀り（冬至と夏至の祀り）を行っていると報告した。

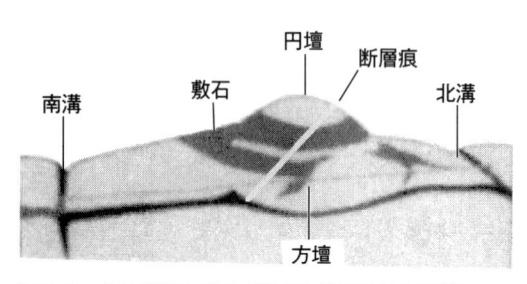

図2-2　3号壇断面略図（養老町教育委員会資料）

実態としては、狗奴国がここで天文観測を行い、二至の祀りを行って烽火を上げ、住民や加入国に知らせていたことが推定される。

また、『記紀』には須佐之男命が歩くと大地が震動したとあるので、地震を起こす神とみていたことが注目された。

高麗系の鉄鍛冶王であった歴代の狗奴国王は、須佐之男命を祖先神としており、この祭壇が大地震の被害を受けて亀裂ができたのは、祖先神の怒りに触れたことが原因とみていたのであろう。

## (2)　竪穴住居に残った断層痕

美濃と同じ頃起きたとみられる大地震の痕跡が、淡路島にもある。明石海峡大橋から淡路島に渡り、最初のインターチェンジの中にある塩壺遺跡（兵庫県淡路市）がそれである（P.65図3-4参照）。

遺跡には弥生後期後葉に営まれた竪穴住居があり、概ね2世紀後葉と推定されるものだが、その中に段差12cmの断層痕が

残っており、淡路島北部の北東から南西に延びている楠本断層を震源とする大地震であった。

## 4．2世紀後葉の大洪水と大干ばつ

『魏志』倭人伝によれば、後漢の終末期にあたる桓帝・霊帝の間に倭国大乱（178 ～ 184年頃）があったとあり、『魏志』韓伝によれば、同時期に韓・濊が強盛となって郡県の統制が効かなくなったとある。

（P.39 図2-1）でみたとおり、2世紀後葉から3世紀後葉まで温暖化気候ではあるが、2世紀後葉の頃大洪水が続いた後に大干ばつが起きたとみられ、その変化は極めて激しく異常なものであった。

### (1)　古事記の神話

この時期にあった大洪水を題材にしたとみられる次のような神話が古事記にみられる。

問い（天照大御神）

「騒動が続いて治まらない葦 原 中国（あしはらのなかつくに）に、いずれの神を派遣すればよいか」

答え（おもいかね）（思金神と諸神）

「天の安河（あめ やすかわ）の河上の岩屋に居る伊都之尾羽 張 神（いつ の お はばりのかみ）がよいでしょう。ただし、この神は天の安河の水を塞（せ）き上げて逆流さ

せ、道路を塞いでいるので他の神が通れません」

　ここに出てくる「天の安河」とは琵琶湖の東南部に注ぐ野洲川のこととみられ、古事記に３カ所、日本書紀に３カ所出ている。

　この川の末端は典型的な扇状地であり（５章参照）、鳥が飛んだとき尾羽を広げた形になるから、その神を伊都（厳）の尾羽張神だといい、尾張国の由来となる木曽川の末端の扇状地と同じ地形である。

　扇状地の川は普段水流が少なく大方は地下に浸透しているものの、一旦洪水になると大量の土石流を運んでくるため天井川となることが多い。

　しかも、その土石流がそれまでの流れを変えてしまうという厄介な面があり、神話はそのことを見事なまでに短く表現し尽している。

## (2)　倭国大乱

　天候異変に伴う大洪水に加えて２度にわたる大地震があり、東海・近畿の多くの国では、神祀りに問題があったから神が怒ったと住民が立ち上がり、食糧争奪や役人・王の殺害が起きたため、大混乱に陥ったとみられた。

　連合の宗主国であった前期邪馬台国と狗奴国には、言語や慣習の異なる旧住民と新住民が混住しており、その抜きがたい対

立抗争をさらに拡大したのが倭国大乱であろう。

　このことは、事実上後漢の植民地で倭国との交易で潤っていた楽浪郡や三韓の経済に大打撃を与え、多くの郡県人が逃亡する事態となっている。

　185年頃、前期邪馬台国の加入国が新住民の鉄鍛冶王ではなく、旧住民である玉作族の卑弥呼を女王に共立するという大転換を図り、争いはようやく治まった。

　女王は丹後から近江に進出した玉作族方形墓派であったが、自ら円形墓派に転向し、その支援協力者は倭国大乱後に分裂した物部氏系の女王派であり、男王派は狗奴国に追随したとみられる。

# 3章　伊都国の交易

## 1．前漢の時代

### (1)　中国商人との交易

　伊都国については国名の問題があるにせよ、糸島は前漢時代から朝鮮半島に開かれた交易の窓口で、長崎の出島のような役割を果たしていたところであり、中国人と倭人の商人が取引を行うためいち早く前漢に朝貢をし、王莽の新・後漢・遼東の公孫・魏・晋になってもその役割は一貫したものであったとみることができる。

　もっとも、今山遺跡（福岡市西区）では木材伐採用の太形<ruby>ふとがた</ruby>

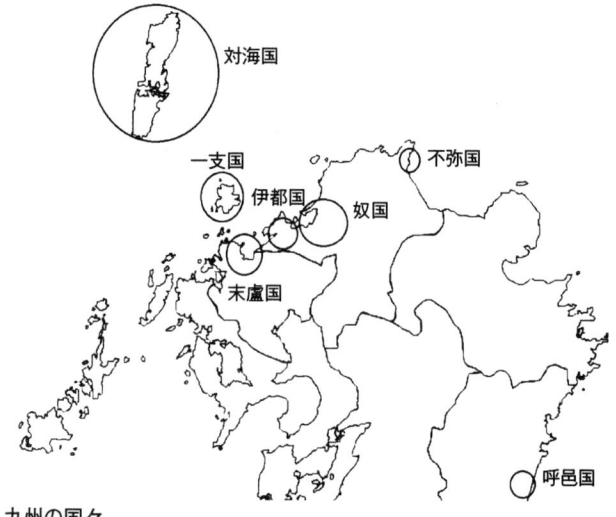

図3-1　九州の国々

図3-2　伊都国の遺跡

蛤刃石斧(はまぐりばせきふ)を量産し、弥生時代を通じて周辺国に供給していたことから、交易によって発展を遂げる素地が元々あった。

　三雲遺跡群（福岡県糸島市）から1～2世紀頃のまとまった楽浪系土器と硯が出土しており、中国商人が来航して交易を行っていたことがわかっている。

　鉄器などの重量物を積んだジャンク船が入港する場合、強風波浪と浅瀬座礁を避けるには、島かげの地である伊都国が奴国に勝っていた。

　ただし、同国の交易は国家主導で行われたものが中心であるから注意が必要である。武末純一氏らが指摘しているように、当時の交易は三層構造をもって行われていた。

　①沿岸漁民による交易

　②沿岸商人による広域的交易

　③国連合主導の国際交易

　数量的に最も多いのは②で、質的に優れていたのは③とみられ、『魏志』倭人伝にある国ごとにつくられた市場のネットワー

クがその要になっていたものと思われる。

> ㊟倭人は国ごとに置かれた市場を単にイチ（市）といい、『魏志』倭
> 人伝など中国の史書ではこれに見合う漢字として、倭・委・壱・壹・
> 一・伊・台・怡などイ－と発音する卑賤文字を充てたとみた。
> なお、倭の本来の意味は「素直にいうことをきく」で、音読ではイ
> なのにワと読むのは日本だけとされ、なぜそうなったのかまだ解明
> されていない。

## (2) 大倭王による交易促進

国連合の王であった大倭王の役割は、各国に設けた市場に、律令時代の市司に相当する管理官の大倭、あるいは治安維持責任者である卑狗を派遣し、取引の安定かつ安全を確保することであって、自らが高価な交易品を占めることにあったわけではない。

また、被災地や争いに敗れた地域の住民を広域的な観点から、適地に誘導することも重要な仕事である。仮に、邪馬台国が九州南部にあったとすれば、果たしてこれらの業務遂行が可能であろうか。

図3-3　奴国・伊都国の遺跡

連合の加入国は対等な関係にあるので、その都があった邪馬台国や狗奴国といえども、鋳造鉄器・ガラス製品・中国の通貨・硯といった高価なものを先占めすることはできない相談である。なぜなら、中国商人が用いたジャンク船の舶載数量と滞在には制約があるから、北九州に近い国が有利で、遠方の国が不利なのは当然のことである。

その上、当時の和舟は丸木舟に板材を張って大きくした準構造式であり、食糧と交易品の積載割合においても、遠方は圧倒的に不利となる。

『魏志』倭人伝に、市場や加入国の不正を監視し、取り締まっていたとあるのは、邪馬台国と狗奴国を優先させるためではなく、現実を意図的に変えるためでもなく、連合を維持するためであった。

したがって、この2国には他の加入国を上回るものがあるはずとの想定は的外れとなる。ただし、朝貢品を上回る下賜品があったので、それ自体が実入りの多い交易事業ではある。

## ２．後漢と公孫の時代

### ⑴　鉄鍛冶王の東遷

57年の後漢光武帝への朝貢によって下賜された志賀島出土の金印の読み方は、「漢の倭の奴の国王」ではなく「漢の倭奴国王」であり、本来であれば「漢の倭国王」とすべきであったが、奴は匈奴のように卑賤を表すためあえて付された。

　1世紀になると朝鮮では鉄器加工が盛んとなり、倭国に渡来する鉄鍛冶師が増え、伊都国と奴国の鉄鍛冶王はほぼ同じ頃、相次いで本州のほぼ中央に進出した。その理由は次のように解される。

①中国の皇帝は陰陽五行思想に基づき、支配地の中央でマツリゴトを行っていると知った。

②水争いや土地争いの激しかった南朝鮮や北九州の住民を中四国以東に移住させるため、食糧生産の豊富な場所を選択した。

③金属・玉石など東日本の資源開発を行うため、その入口を拠点とする必要があった。

④近江盆地と濃尾平野は、褐鉄鉱を採集できる好適地であった。

## (2)　帯方郡の設置

　後期邪馬台国連合の加入国が卑弥呼を女王に共立し、倭国大乱を収拾しようとしていた頃、後漢末期の遼東郡主であった公孫度が自立し、朝鮮半島の支配に乗り出した。

　2代目公孫康は楽浪郡の南部にたびたび侵略していた濊族・韓族を抑え込むため、204年楽浪郡を分割して帯方県を郡に昇格し、その防備を強化すると同時に外交・交易の窓口を設けている。

　『魏志』韓伝によれば、それ以降韓・倭は帯方郡に属すること

になったとあり、倭国に関しては後期邪馬台国のみならず、狗奴国をも連合の宗主国家と認めて朝貢を受け入れ、外交権と交易権を与えていた可能性が高い。

　糸島市にある後漢〜三国時代の三雲番上遺跡から数多くの楽浪系土器が、また三雲井原遺跡から硯が出土している。

　楽浪郡から来た中国商人が長期間逗留し、交易を行っていたことは確実で、ジャンク船を用いて来航していたのは、山東半島以南の華南系商人であろう。

　そのため、『魏志』倭人伝によれば、当時の倭の30カ国には漢語の通訳がいたとあるが、漢語といっても華南系の言語となる。

　後期邪馬台国と狗奴国は東国や九州の未開地へ移住民を送り込み、連合加入国の拡大を競ってきたが、それには市場を設けて鉄材を供給する必要があり、その需要は増すばかりであった。

　弥生後期後葉〜終末期の首長墓が、円形の周溝墓か墳丘墓、あるいは前方後円形の周溝墓か墳丘墓で、鉄刀剣と手焙型土器が出土するというパターンの本家は近江であり、後期邪馬台国の進出地とみてよい。

　次の遺跡はその事例で、『魏志』倭人伝で傍国とされた国々に関係している。

　①宮崎県川南町東平下（前掲の呼邑国）

　②長野県篠ノ井市聖川

　③長野県木島平村根塚

④群馬県渋川市有馬

⑤千葉県市原市神門

　同時期の首長墓が、方形の周溝墓か墳丘墓、あるいは前方後方形の周溝墓か墳丘墓で、鉄刀剣と山陰系土器か東海系土器が出土するパターンの本家は出雲と美濃であり、狗奴国の進出地とみてよい。

　次の遺跡はその事例である。

①埼玉県さいたま市井沼方

②東京都練馬区丸山東

③東京都北区田端西台通

④茨城県土浦市原田北

⑤千葉県木更津市高部

## 3．魏と晋の時代

### ⑴　連合の抗争

　3世紀前葉に三国時代となり、遼東候3代目公孫淵は魏と呉に翻弄されたあげく、238年魏の侵攻を受けて滅びた。このとき抜け駆け的に朝貢を行い、金印紫綬を得たのが卑弥呼女王の後期邪馬台国であった。

　以降、朝貢交易の既得権を失った狗奴国は激しく後期邪馬台国を攻撃し、鉄材の取得を巡る両国の対立抗争が激しくなっている。

　この頃、朝鮮では楽浪郡・帯方郡に対する晋の支配力が衰え、

高句麗による両郡への略奪攻撃もあって中国商人の北九州来航が減少し、朝貢交易は振るわなくなった。

　これに取って代わったのが韓の商人である。正確に言えば、船を有して韓国中で商売をしていたと『魏志』韓伝にある州胡（済州島系）の商人である。

　州胡とは、『魏志』倭人伝にある奴国の官の兕馬觚と伊都国の官である泄謨觚のことで、彼らは韓人と違ってやや体が小さく言語も異なるとある。

　後期邪馬台国と狗奴国の連合が並立していた時代、彼等は弥生中期に「早良クニ」があった西新町遺跡（福岡市早良区）に竈付き住居を構え、常在していた。

　卑弥呼の時代に開かれた瀬戸内海の交易ルートは、畿内から北九州の企救半島（北九州市小倉南区）に至る海路で、潮流の激しい穴門（関門海峡）の利用はまだなく、糸島から同半島まで陸路を利用し、豊前海から海路を取っていたことが『魏志』倭人伝からわかる（7章参照）。

　ところが、264年後期邪馬台国の弟王（男弟王）に就任した崇神帝の頃から、穴門の周辺にいた物部氏系舟師によって海峡の利用が始まったとみられた。

　なぜなら、この頃から対馬・壱岐の西海岸と唐津・糸島にあった湊が衰え、対馬・壱岐の東海岸と博多湾西部の湊が発展し、4世紀後葉になると海外交易の拠点が博多湾西部から北九州東部の宗像に移り、主要な交易ルートが日本海から瀬戸内海に移

動していることによる。

## (2) 連合並立の終焉

　後期邪馬台国と狗奴国が戦闘中であった247年に卑弥呼女王が亡くなり、男王が就任したものの争乱となり、249年頃壱與が女王となった。

　265年魏が滅び、狗奴国は後期邪馬台国と和解して晋への合同朝貢に応じ、266年武帝は女王と男王に爵位を与えた。女王が壱與で男王は卑弥弓呼とみられる。

　270年壱與が死去して後期邪馬台国が滅び、273年卑弥弓呼が死去して狗奴国の男王は開化帝になったとみられるが、『記紀』によれば同帝は崇神帝の父で9代目の天皇とされた。

　日本書紀によれば開化帝の実名は、稚日本根子彦大日日尊（わかやまとねこひこおおひびのみこと）で鍛冶族系と解されるのに対し、崇神帝のそれは御間城入彦五十瓊殖尊（みまきいりひこいにえのみこと）とある。

　谷川健一氏によれば、「御間」は「水間」のことで、邪馬台国の官である「弥馬升」・「弥馬獲支」にある「弥馬」と同語だという。

　この指摘は妥当なものだが、説明は入り口部分にすぎない。「水間」の本来の意味は、山峡を流れる河川、川のように狭い海峡、環溝集落の水掘などを指していた。

　邪馬台国の官である「弥馬升」と「弥馬獲支」についてははじめに指摘したとおりだが、崇神帝の場合は上記穴門と関係が

ある。

　難所の海峡を知り尽くした水先案内人を付けることにより、交易航路として利用が可能になったことから、その功績によって後期邪馬台国の男弟王に就任したとみられ、帝の出身は北九州東部の物部氏系舟師の商人であった可能性が高い。

「城」は海峡周辺に設けられた灯火台で、「入」は入り婿説や弁韓からの渡来説があるものの、帝の皇子・皇女にも付いているので成立し難い。

　イリとは古朝鮮系言語で「泉」のことだが、中国通貨の「貨泉」を指したとみられ、倭国の首長や王はこれを富の象徴として珍重した。

　これが朝鮮では半島西南部の栄山江流域（倭人を埋葬したとみられる前方後円墳が12基存在）だけで出土することから、州子の商人によって中国江南から運ばれたもので、帝はその商人と結び付きが強かったとみられる。

「彦」は武人の尊称、「五十瓊殖」は神に奉げる宝物である。

　帝の実名から浮かび上がったことは、主要な交易ルートを日本海沿岸から瀬戸内海に移行する端緒を開いたことであり、出雲国や狗奴国にとって大打撃となったことが想定され、278年頃狗奴国の開化帝は国譲りに追い込まれたものと解された。

　このことは、『記紀』にある出雲の大国主神の国譲りと重なるもので、編纂者はこの史実をまともに書けないので神話に置き換えたとみられる。

　こうしたことを考慮すれば、神武帝と欠史8代に関する記述の実態は、狗奴国王朝に関する分と認めざるを得ない。

## ⑶　統一連合の発足と州子商人の活躍

　3世紀中葉〜4世紀中葉における海外交易の拠点は博多湾西部で、州子の商人が常在していたものの、そこに行けばいつでも鉄材を取得できるわけではなく、灯火連絡網による入荷の連絡が必要であった。

　こうした交易は、先に取り上げた三層構造でみれば、②の沿岸商人による広域的交易に該当する。

　彼らの故郷である済州島は、地理的利点から中国江南との往来が活発であり、ヤマト国連合と百済の交流、あるいは5世紀における倭の5王と中国南朝との交流にも貢献していた。

　鳥越憲三郎氏は、彼らを倭人の一派とみているが、独特な石人・石馬等の石造物を有し、527年に乱を起こした筑紫の磐井（石井）氏と共通する文化を持つ。

　㊟石人・石馬等の出土古墳例
　　　福岡県岩戸山　　　（八女市　　石人・石馬）
　　　同　乗場・鶴見山　（八女市　　石人）
　　　同　石人山　　　　（広川町　　石人）
　　　同　石神山　　　　（みやま市　石人）
　　　大分県臼塚・下山　（臼杵市　　石甲）
　　　熊本県チブサン　　（山鹿市　　石人）
　　　同　三の宮　　　　（荒尾市　　石人）
　　　同　江田船山　　　（和水町　　石人）

　　鳥取県石馬山　　　　　（米子市　石人・石馬）

　したがって、磐井氏は州子の商人系統であった可能性があるものの研究は進んでいない。

　5世紀後葉の江田船山古墳は、銀象嵌の文字入り大刀を合わせて出土したことで名高いが、稲荷山古墳（埼玉県行田市）出土の金象嵌の文字入り鉄剣も同時期のものとみられる。

　しかも、後者の鉄剣は中国江南で造られたと分析されており、州子の商人との関係が注目される。

　271年ヤマト国ができて崇神帝が王となり、286年頃ヤマト国統一連合が発足して同帝が大王（連合王）に就き、古墳時代の幕開けとなる。おそらく、諸国に分散していた物部氏一党の支援誘導策があってのことだろう。

　『晋書』武帝紀太康9年（288年）12月の条に、遠方の東夷30カ国余と西南夷20カ国余が朝貢とあり、前者は倭国のヤマト国連合加入の30カ国余で、後者は雲南省にあった少数民族国家とみられる。


## 4．海外交易の進展

　弥生中期後葉（概ね前1世紀）の時代、中国では前漢が周辺国を飲み込んで大きく拡大した時代である。当時、倭国が必要としていた物品の中心は、中国が戦国時代から生産していた鉄とガラスの製品であった。

　具体的には、様々な鉄器の道具を作るために必要な鋳造製の

鉄斧、回収された中古の鍛造製刀剣、ガラス玉の原材料となるガラス塊を中国商人から買うことである。

　日本最古（弥生中期中葉）の鉄器工房とされているのが赤井手遺跡（福岡県春日市）で、その近くに同時期の青銅器・ガラスの工房跡もみられる。


## (1)　中国の製鉄技術は世界一

　銅鉱石であれば1,000℃弱の温度で溶融することが可能であるものの、鉄鉱石や硅石を溶融するには1,600℃程度の高温が必要となる。

　その技術が当時の朝鮮や倭国にはなく、そうした技術を取得したのは、朝鮮では4世紀後葉、倭国では5世紀後葉とされている。

　朝鮮で製鉄炉遺跡が確認されたのは、『魏志』韓伝にある弁辰弥離弥凍国（韓国慶尚南道密陽市）のものであった。

　なお、チタン含有率の低い砂鉄であれば、1,000℃弱でも低温溶融が可能であったとする説もあるが、それを実証するものは得られていない。

　ところが、中国では前4世紀の戦国時代に、世界の先端をゆく爆風炉（高炉または反射炉ともいう。）を用いた鋳鉄の連続生産が始まっていた。

　さらに、1世紀前葉の後漢のとき、水車を動力とするフイゴが発明されたというのだから驚きである。同じ方式のものが

ヨーロッパで用いられたのは、14世紀になってからのことである。

## ⑵　原初的鉄加工

　鉄鉱石は熔解して製鉄の工程を経なければ使えないというものではない。『魏志』韓伝によれば弁韓・辰韓では鉄を産出し、韓人・濊人・倭人がこれを採取して中国の通貨のように使用し、楽浪郡・帯方郡にも供給していたとある。

　朝鮮における鉄器製作は、少なくても前3世紀にはあったとされているので、通貨のように使用していたというのは、採取した原石そのままではなく、鍛冶師が鍛冶炉で熱して鍛え、整形をして鉄鋌（鉄板）に加工していたとみられる。

　日本の例でいえば、鎌倉時代に奥州一関（岩手県一関市）にいた刀鍛冶は、湿地帯で採れる褐鉄鉱から舞草刀を作り、大正時代三陸方面にいた鍛冶屋は、山に入って採取した鉄鉱石、あるいは河原で拾った餅鉄から鉄器を作っていた。

　褐鉄鉱とは、比較的大きな鉄の塊となっている酸化鉄のことで、別名を関西では高師小僧、東北地方では根子といい、猫の字を充てていることもある。

　近江盆地・奈良盆地・濃尾平野はその優品の産出地であったから、鍛冶族が競ってこの地に進出した。

　その中に入っている粘土は、延命効果のある貴重な漢方薬（赤石脂）として中国で高く取引され、正倉院の御物にもなってい

る。

　餅鉄とは、鉄鉱石が川に流れて鏡餅のようになっているもので、品質の良い鉄鉱石であり、拾い歩くのは子供の仕事であった。

　こうした鉱石は鋳鉄炉で精錬しないまま、つまり熔解しないでそのまま鍛冶炉で熱して鍛え、鍛鉄として加工していたのである。

　この方式では良品を作るのに膨大な労働力を要するのは致し方のないことだが、『魏志』韓伝の記述からみて鉄産地であった弁韓・辰韓では、こうした工法によって鉄を加工し、利用した可能性が高い。

　しかも、その地に倭人がいて採取していたとなれば、大勢の倭人が出稼ぎに行っていたことを示し、加工品は倭国にも供給されていたということになる。

　このことは、邪馬台国には女性が多く男性が少ないとした『晋書』倭人伝に関係するとみられる。

　即ち、大勢の男子が傍国や朝鮮に出稼ぎをし、あるいは交易に従事していたため、狗奴国との戦いでは不利になったことが想定された。

　不純物の多い鉄鉱石や褐鉄鉱を鍛冶炉で過熱して鍛えたとき、一部の鉄が溶出した不純物とともに分離し鉄滓の生ずることがあるらしい。

　鋳鉄を製造できる炉のない弥生時代に、製鉄炉があったので

はないかと勘違いするのは、これが希に遺跡から出土すること
によるとみられる。

　こうした点からみれば、倭国における鉄器の原材料は次のよ
うになる。

　①中国産の鉄器

　②弁韓・辰韓産の鉄器・鉄鉱石

　③倭国産の鉄鉱石・褐鉄鉱

弥生時代にあっては、原材料全てを海外交易に頼っていたわ
けではなく、自前の供給も一部では可能だったことに留意しな
ければならない。

　ただし、②・③は不純物が多いので、簡易加工したものは腐
食が進みやすく、遺物として遺跡から出土することはほとんど
ないだろう。


## ⑶　漢の鉄専売制度

　鉄・青銅・ガラスなどの取引がより拡大したのは、前漢武帝
が朝鮮半島に進出し、それまでは外藩国にすぎなかった東夷の
国々を帝国に取り込んだことによる。

　つまり、事実上の植民地となる直轄の郡県制を敷いたことに
より、鉄の売買に関わる中国商人が安心してこの地に進出でき
る環境を整えたことにあった。

　たび重なる戦争で膨大な赤字を負った国家財政を立て直すた
め、武帝は塩・鉄・酒を国家専売制としている。

　鉄の場合、全国50カ所の鉄産地に「鉄官」という役所を置き、労役を賦課した人民や牢獄の服役者などを鉄器製造にあたらせていた。

　他方、非鉄産地には「小鉄官」という役所を置いて中古の鉄器などを回収し、鉄官に供給するという徹底ぶりである。

　しかし、鉄産地が外国であれば鉄官による管理は及ばないので、辰韓・弁韓から安くしかも自由に買える鉄は、中国商人にとって魅力的なものであったことは想像に難くない。

　帯方郡ができて韓・濊・倭が皆従うようになったのは、こうした交易の進展によるものであろう。

　鋳造鉄器・中古鉄器・銅器・ガラス塊と鉄鉱石・砂鉄・銅鉱石・玉などを交換するという取引は、弥生中期から続く楽浪郡の繁栄を支えた根幹であった。

　また、高句麗が無法な略奪を行い、鍛冶工人を連行するためこの地をしばしば襲った理由でもあり、その繁栄が南の帯方郡に移ったとき、高句麗も南下してこれを襲うようになる。


## 5．邪馬台国時代の鉄器生産

　1世紀末葉の成立とみられる前期邪馬台国が、鉄器加工の拠点工房（23棟の竪穴住居中12棟）にしていたと想定される遺跡が2001年に出土し、5年後に発掘調査が始まった。

　淡路島北部の五斗長垣内遺跡（兵庫県淡路市）がそれで、湿気遮断のため生活には不便な標高200mという丘陵地上に設け

兵庫県淡路島

塩壺遺跡
五斗長垣内遺跡
伊弉諾神宮

淡路市

洲本市

南あわじ市

図3-4　五斗長垣内遺跡などの位置

られた高地性集落だが、島は工人の逃亡を防ぐのに役立つ。

　この工房が稼働していたのは、1世紀末葉から3世紀前葉までとの見解からみて、概ね前期邪馬台国の80年間と後期邪馬台国の30年間に相当する。

　『記紀』神話にある伊弉諾神を祀る多賀大社（滋賀県多賀町）が近江にあって、その幽宮である伊弉諾神宮（兵庫県淡路市）が淡路島にあるのは、連合の本拠地と直轄地の関係にあったことを示唆しているとみられ、『記紀』が国生み伝説の初めとして淡路島を選んだ理由は、この工房があったことによるとの推定もされている。

　また、上記遺跡の北東にある舟木遺跡は現在調査中だが、2世紀半ばから3世紀初めにかけての鉄器工房跡で、上記遺跡を上回る規模と予想され、近江北東部の稲部遺跡（滋賀県彦根市）は3世紀に営まれた鉄器工房跡で（30棟の竪穴住居中23棟）、こちらは邪馬台国と狗奴国に関係する重要な加工基地とみられた。

　さらに、前章で取り上げた投馬国（津島国）の王墓とみられる楯築墳丘墓（岡山県倉敷市）の棺から鏨と鉄錐が出土したことから、吉備では石加工や玉作に欠かせない鍛造鋼の道具が作

られている。

## 6．方格規矩鏡の活用

### (1) 鏡に記された紋様の意味

　方格規矩四神鏡の中<ruby>方格規矩四神鏡<rt>ほうかくきくししんきょう</rt></ruby>央にある四葉座は天帝の印であり、天円地方の思想にしたがって東西南北に四神を配置する鏡だが、本来は天地を支配する神々を祀って加護を祈願するのに必要とされた祭祀具で、別名をTLV鏡ともいう。

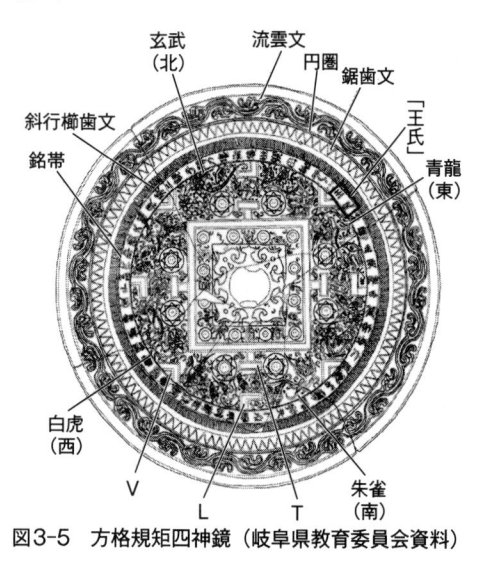

図3-5　方格規矩四神鏡（岐阜県教育委員会資料）

　円球のドーム状になっている天と方形の大地は、TLVの形をしたカギで繋がり、歯車で回転しているというものだが、こうした複雑な造形にたどり着いたのは、天が北極星を中心に回転しているという天動説によるもので、一方の大地は静止していると考えた末の苦心作である。

　四神のうち最も重要なのは東方にいる青竜で、農業に欠かすことのできない水神とされており、集落や王宮の東方にそれを祀るしきたりとなっていた。

『魏志』高句麗伝にある10月の収穫大祭（東盟）は、東方に
ある大穴の中に置かれた木造の水神を迎えて行うことが記され
ている。

### (2)　鏡の使用目的

弥生の墳丘墓から出土した鏡の中で2番目に多いのが方格規
矩鏡で、中でも四神鏡が多い。伊都国の井原鑓溝1号墓が18
面以上、平原1号墓が32面で極端に多い。

中国では内行花文鏡と同時期に造られ、洛陽の墳墓からの出
土数も比較的多い。図柄は複雑なことから模倣が難しかったと
みられ、日本で出土したものは全て舶載鏡とされている。

この鏡を倭国では何に使っていたのか、なぜ伊都国に多いの
か、私は次のように解している。

中国の皇帝が認めた朝貢に基づく交易は、誰でも自由に参加
できるというものではなく、朝貢によって倭国を代表する国王
と認められた大倭王の許可が必要であった。

その許可証を伊都国にいた一大率という役人に示さないと交
易には参加できず、その許可証代わりとして使われたのが後漢・
魏から下賜されたこの鏡で、予め大倭王から分与されていたと
みる。

つまり、文字を持っていなかったため、書付の代用として使
用されたものであるから、王墓に副葬された数の分だけ加入国
があるということになる。

　それを毎回持ち運ぶのが大変なので、予め伊都国王が預かり、その効力は同国王一代限りであった。

　このことは、寄湊地である対馬や壱岐における取引でも同じことで、取締官である卑狗にこの鏡を提示していたのであろう。

## 7．交易船来航の連絡網

　有名な志賀島発見の金印は、江戸時代まで三雲南小路周溝墓に隣接している細石神社（福岡県糸島市前原）が保管していたもので、何者かに持ち出されたとの伝承があり、神社の祭神は日子番能邇邇芸命と木之花佐久夜毘売である。

　命は『播磨国風土記』・『記紀』に登場する天火明命・彦火明命・饒速日神と同系神とみられ、天孫族つまり渡来人である物部氏の祖先神とされてきた。

　その実態は、交易船が来航したことを本国の邪馬台国に報告し、また連合加入国に知らせる灯火連絡網の守護神である。

　鋳造鉄斧などを積んだ中国商人のジャンク船が対馬・壱岐・唐津を経て糸島に入ったとき、ここから遠隔地ネットワークである灯火連絡網を使って各地に連絡をした。

　①前期邪馬台国　伊都国→山陰→近江→美濃

　②後期邪馬台国　伊都国→不弥国→伊予→讃岐→淡路島→近江

　③狗奴国　　　　奴国→山陰→北近畿→美濃

　この方法であれば、伊都国から邪馬台国や狗奴国までは2、

３日もあれば連絡が可能であったと予想され、舟を使って連絡
すれば30日以上かかる計算なので、交易船の伊都国滞在や関
係国の準備が大幅に短縮され、諸経費の節約となる。

　連絡を受けた各国の市場では、直ちに砂鉄・水銀朱・玉類・
真珠・サンゴなどを舟に積み込み、灯火連絡網を使って出発を
知らせた。

　そのとき、通訳を帯同して糸島に向かうのだが、通訳を配置
するにも、大倭王の承認と斡旋仲立ちを必要とする。

　彼らが行く先々で宿泊をし、食事をとるのは湊津にある各国
の市場である。その管理官は大倭王が派遣した大倭という役人
であった。

　出発の連絡は中継地の灯火台から大倭にも連絡があり、市場
ではそれを受け入れる準備に追われることとなる。

　なお、中国商人が使っていたジャンク船は、世界的にみても
優れた帆船だが、元来は川船として造られたもので船底が浅く、
重い荷物を積まないと船は安定しないという欠点があるものの、
多量の金属を運ぶには適していた。


## 8．交易の安全確保

　伊都国における交易や国内の市場における取引で最も大切な
ことは、取引に参加する者の身の安全が確保されていること、
さらに商品が不当に奪われることのないよう治安維持を保つこ
とにあった。

　そのため、市場には幾重にも深い溝を回して水掘を備えた環溝施設を造り、武器を携帯した武人を配置し取り締まりを行っている。

　また、交易ルート上にある国に、卑狗や卑奴母離という役人が置かれていたのは、警察官のような取り締まりを行う機関が必要だったからにほかならず、そこに配置されていたのは、物部氏系の武人であった。

　さらに、不正取引を防止するため、監視を行う役人を随所に置いていたとする驚くべきことが『魏志』倭人伝に書かれている。

　こうした仕組みがあったということは、大倭王が各地に設置した市場のネットワークを牛耳っていたということになるだろう。

　ネットワークは弥生後期後半になったとき東国にも拡張され、西から多くの移住民がある一方で、後期邪馬台国と狗奴国の争いはここでも起きていた。

　したがって、北九州にいた鉄鍛冶王が近江盆地と濃尾平野に進出することができたのは、『記紀』にある神武東征のような獏とした理由によるものではない。

　流通基盤の構築と交易の拡大により、経済的にも大きなメリットがあったことによるもので、用意周到に行われたことがわかる。

# 4章　住民の移住と鉄鍛冶王の東遷

## 1．物部氏の東遷

### (1)　武人の東遷

　2章で指摘したとおり、弥生中期末（前1世紀後葉）の大災害は気候変動に伴う洪水被害ではなく、南海トラフ大地震・大津波によるものであった。

　そのため、東海から九州に至る太平洋沿岸・大阪湾沿岸・紀伊水道沿岸の下流域では多くの人命が失われ、集落は壊滅した所が数多くあっただろう。

　その後の被災地では、クニ・国のシャーマン王とその一族が責任を問われて住民に襲われとみられる。

　彼らは一般人と違って労働をしない代わり、普段から神の怒りに触れないよう祈りを捧げ、収穫物をメンバーに平等に分け与える役目を負う集団の指導者である。

　弥生の博物館といわれる青谷上寺地遺跡（鳥取県鳥取市）の後期後葉にあっては、実に109体におよぶ殺傷人骨が出土し、成人の男女のみならず子供までが凄惨な状況で殺戮され、環溝に捨てられていた。

　出雲勢が襲撃をしたのではないかとの説もあるが、津波などによる被災があって、一般住民とは異なる区画地に住んでいたシャーマン王とその一族が連行され、殺戮されて投げ捨てられ

た可能性もある。

　したがって、弥生のクニ・国ではこうした襲撃のほか、水利など各種資源の占有を巡る争い、集落の住人による犯罪、市場におけるもめごとなどに対応するため、治安の維持を担う人材が必要となった。

　それに呼応したのが、前3〜前2世紀にかけ博多湾西部の早良（さわら）にあったクニで、渡来した物部氏系の武人集団である。

　なお、日本書紀神功紀5年の条に新羅の草羅城（さわら）とあり、この地と関係があるのかどうかは不明だが、サは接頭辞でワラは稲わらのワラであるから、「さわら」とは草深いという意味になる。

　彼らは、中四国以東の国々から武人派遣の要請を受けて各地に進出し、中には王となった者もいたのであろう。

　弥生後期の時代、東日本開発の最前線にあった邪馬台国と狗奴国には、多くの物部氏系の武人が配置されていたとみられ、武人の指導者が保有する遺物が、関連の遺跡から出土している。

　彼らは、倭国大乱のとき王らを守るため押し寄せる住民と戦い、邪馬台国と狗奴国が連合の主導権を握るため争ったとき武人同士が戦い、卑弥呼の死後男王を立てたときも武人同士が戦って1千人余の犠牲者があった。

　河内にある石切劔箭神社（いしきりつるぎや）（大阪府東大阪市）には、物部氏の祖先神である饒速日神（にぎはやひのかみ）が祀られ、銅剣と矢を屋根に飾っている。このことは軍事部族がその本体にいたことを示唆している。

　なお、現在ではモノノベと読んで部民であるかのような印象

を与えているが、それは物部本宗家が滅ぼされた後のことで、元来は武人を表すモノノオあるいはモノオではなかったかとする説は妥当とみられる。

したがって、物部氏とは単に鍛冶族などのものづくり工人（手人）を中心とした集団ではなく、戦士を擁する武人を本体とし、その周辺に手人や交易を行う舟師を有した集団で、『記紀』にいう武内宿禰とは、物部氏の本体である武人の指導者を指したものであろう。

遺跡から出土した遺物の中に矛・槍・剣・鏃・甲冑あるいは盾飾りの巴形銅器がある場合、もしくは『記紀』に登場する人物名に○○ヒコという名が付く事例、または武内宿禰本人やその子孫と称される事例にあっては、物部氏系の武人がいた可能性が高いということになる。

図4-1 弥生の巴形銅器
（福岡市教育委員会資料）

なお、武人が王の場合、祭祀を行っていたのはシャーマンの妻（巫女）、もしくは別に雇った巫男が祭祀を行っていた。

そうした王墓の埋葬地に刀剣や勾玉は副葬されているものの、祭祀具である内行花文鏡などは、隣接する王妃墓などの埋葬地に埋納されている。

## (2)　物部氏の勢力拡大

　『魏志』韓伝によれば、馬韓人は中国支配地からの逃亡者とみられる難民を、蘇塗（外の意味か）という特殊集落で受け入れ、辰韓に送り込んでいた。

　これは奴婢身分とされた者の人身売買であり、朝鮮で動乱があると一部の難民は北九州に渡来してくるので、物部氏も北九州で同様のことを行っていたと考えられる。

　難民は奴婢扱いとなり、特殊技術を持っていれば高く売れる。買取希望があれば先導する風水師を付け、本州各地に送り込んでいたのであろう。

　送り込まれた者は、当然のことながら物部ネットワークの一員となり、その後の国土開発や倭国統一に大きな貢献をしたことはいうまでもない。

　飛鳥時代の597年、権力抗争に絡んで物部守屋が敗れ、ヤマト朝廷とすれば物部氏は建国の功労者ではあるものの、英雄扱いはできなくなった。

　そのため、『記紀』では神代編における神々の争いに棚上げする、あるいは武内宿祢を登場させるなどして置き換えたとみられる。

　このとき、北陸や関東に送り込まれていた物部氏系の探鉱山師日枝族と鍛冶師太田族は、ヤマト朝廷の支配が及んでいなかった東北地方に逃亡し、蝦夷となって朝廷に抵抗した。

　そうした動きは、東海道から北上してきた蘇我氏系産鉄遊民

の須賀族と鍛冶師荒族、あるいは日本海側の舟師であった安倍<sup>あばい</sup>族の場合も同様である。

### (3)　鉄鍛冶師の東遷

　弥生後期前半の倭国における最大の交易ルートは、北九州から山陰・北陸にかけての日本海ルートであり、玉作に適した原石があったことから、玉作のルートでもある。

　ところが、山陰から北陸にかけての玉作族は、弥生中期の時代から四隅突出形方形貼石墓派と方形貼石墓派に分かれて争ってきた。

　原石を磨く道具は砂と石で、原石に穴を開ける道具は縄文時代から石錐を使っていたが、弥生後期になると鍛造鋼の鉄錐を使うようになり、鍛冶師との連携が欠かせないものとなる。

　また、その作業は中国や朝鮮の影響があって進化し、工房を設けて工程が分業化され生産効率が上がったのは、鉄鍛冶師の指導によるものであった。

　四隅突出墓派の代表が出雲で鉄鍛冶師は高麗系、方形墓派の代表は丹後で鉄鍛冶師は物部氏系である。

　なお、大規模な玉作工房である閏地頭給<sup>うるうじとうきゅう</sup>遺跡（福岡県糸島市）が、弥生終末期になって伊都国にできたのは、交易の衰退をカバーするためとみられ、後期邪馬台国連合の弱体化がうかがえる。

　玉作の道具を作る鉄鍛冶師が進出するには、その国が連合に

加入すること、市場を設置して大倭の派遣を受け入れること、伊都国と進出地を結ぶ灯火連絡網を構築することの3点セットが必要となっていた。

灯火連絡網を構築するには、物部氏系探鉱山師日枝族の進出を欠かすことができないので、このルートをたどってみよう。

①物部神社（石見一宮　島根県大田市）

大田ないしは太田という地名は、全国各地に拡散した物部氏系鍛冶師太田族に因む地名で、『記紀』の崇神紀に登場する大田田根子も同族とみられる。

②宇部神社（因幡一宮　鳥取県鳥取市）

神社の社主である伊福部氏は物部氏系で、「福」は「吹く」の充て字であり、福岡・福井・福島などフイゴを使う鍛冶師に因む地名である。

また、岐阜県と滋賀県の県境にある伊吹山地の伊吹と伊福部氏の伊福は同義であり、鍛冶師はこの山麓にいた。

③籠神社（丹後一宮　京都府宮津市）

神社の社主である海部氏と尾張氏は同系で、祖先神は天火明命とされ、物部氏系である。

④日吉大社（旧日枝社　滋賀県大津市）

前期邪馬台国が建国される前から、物部氏系探鉱山師日枝族が近江の大比叡で火見の監視を行っていた。

⑤石切劔箭神社（大阪府東大阪市）

祭神は饒速日神とその子可美真手命で、物部氏の祖先神で

ある。

⑥井奈波神社（岐阜県岐阜市）

物部氏と関係が深く、前期邪馬台国が建国されたとき、金華山には火見の監視所があった。因幡と井奈波は同義で、因幡から進出してきたことによるものであろう。

⑦真清田神社（尾張一宮　愛知県一宮市）

尾張氏・海部氏と関係が深く、祭神は天火明命である。

このルートからみれば、伊都国の鉄鍛冶王東遷の先兵となった日枝族は、丹後から近江に入って本拠地を構え、その支配は淀川水系や濃尾平野に及ぶもので、発足当初の前期邪馬台国が支配した圏域となる。

参考文献として、上記③の元伊勢である籠神社が所有している国宝の海部氏系図があり、海部氏は尾張氏系の神官で先祖は天火明命であった。

この系図は平安時代の貞観年間（859 〜 877年）に書かれたもので、当時の神官は33代目であったから、32代を経ていたことになり、仮に1代平均を20年間とみれば、尾張進出は1世紀中葉となる。


## 2. 伊都国の鉄鍛冶王東遷

伊都国の鉄鍛冶王は東遷前に同盟を連合に拡大し、後漢初代光武帝（在位25 〜 57年）から57年に金印紫綬を受け、唯一倭国の代表国と認められた可能性が高い。

その結果、連合加入国への市場開設事業と相まって交易を拡大し、広域的国家としての安定性を狙った効果は大きく、玉作の道具が必要な日本海沿岸の国々に対する影響力が増大した。

また、南朝鮮や北部九州では、中国から陰陽五行思想など先進文化が早く到達する反面、災害多発に加えて人口増加に伴う土地争奪が激しく、鉄鍛冶王は早急に住民移住対策を講じる必要があった。

なお、陰陽五行思想とは、宇宙における全ての現象が陰と陽に対置され、一切のものが木・火・土・金・水の五元素（五行）から成り立っているとする説で、当時とすれば最先端の科学的知識である。

そこで目を付けたのが、南海トラフ大地震・大津波による被災地、あるいは未開地が豊富にあった後進地の東国であり、鉄鍛冶王は率先して移住の手本を示すこととなった。

『魏志』倭人伝に、伊都国が邪馬台国にいた歴代の王によって統率されていたとあって、『後漢書』倭伝には、大倭王が邪馬台国に居るとある。

これは１世紀後葉の後漢代に鉄鍛冶王の東遷があって、伊都国連合から前期邪馬台国連合に変わったこと示したと解するのが妥当である。

東遷にあたり、先行していた物部氏系の武人・舟師・探鉱山師日枝族・鍛冶師太田族・土師・市場管理官の大倭がこれを支え、在地の玉作族方形墓派が協力していたのはいうまでもない。

したがって、鉄鍛冶王の東遷後は伊都国に一大率と称する査察官を派遣し、交易や国書・朝貢品・下賜品などを監視するとともに、交易ルート上に位置する対馬・壱岐・唐津にあった各国も統率していたことがわかる。

ただし、東遷した鉄鍛冶王の系統は倭国大乱で失脚し、後期邪馬台国の卑弥呼女王が亡くなったとき、一旦復活したものの内乱によって再び失脚した。

## 3．奴国の鉄鍛冶王東遷

### ⑴　東遷のルート

前漢末期に朝貢した奴国は、後漢になって伊都国に後れを取ったものの、2万戸という戸数を見れば大国であるから、東遷で先行した伊都国に続き、鉄鍛冶王の神武帝は前漢代の朝貢を根拠に、後漢へ朝貢を試みたであろう。

だが、後漢では倭国に2つ目の金印を与えることはないとする情報を楽浪郡から得たのか、自力で東遷することを決めたとみられる。

『新唐書』日本伝によれば、奴国王は32代まで筑紫城に居て、33代目の神武帝のとき本州に遷ったとある。

倭国で銅器・鉄器の加工が始まったのは弥生前期末葉、朝鮮で鉄器の加工が始まったのは少なくても前3世紀以前とされ、32代の一代平均を20年とみれば、渡来時期は前6世紀中葉となりこれは早すぎる。

　だが、出雲国王のように10〜15年で交代したとみれば、渡来時期は前4世紀後葉〜前2世紀前葉となり、その中間位であれば一応妥当性はある。

　この記事が『記紀』と一致しないのは、東征が東遷となっていること、日向ではなく奴国に居たとなっていることである。

　前漢の武帝は朝鮮半島まで東征支配し、中国の古代帝国は9つの州からなる国家で、東南方向は神の国という思想があったので神州と名付けていた。

　これらをヒントに、『記紀』の編纂者は鉄鍛冶王の東遷を神話らしく、神武東征に創作したというものであろう。当然のことながら伝記の真実性には疑問符が付く。

　日本書紀によれば東征は、安芸・吉備を経て河内湖に到着したことになっているものの、このルート上に神武帝が関係する神社は見当たらない。

　むしろ、このルート上に広島市の太田川・津山市の大田・美作市の太田があることから、物部氏系鍛冶師が進出していたとみられる。

　伊都国の鉄鍛冶王の例でみたとおり、先行者と在地国の支援協力がなければ東遷は不可能なので、誰がその役を担っていたのだろうか。

## (2)　東遷の支援協力者

　上円下方壇という天地の祭祀施設がある濃尾平野は（9章参

照）、狗奴国の中心地とみられることから、誰が先行して支援協力をしていたのかみてみよう。

　先にみたとおり、美濃中部と尾張には物部氏系の日枝族と太田族が既に進出していたが、奴国の鍛冶王を支援するはずもない。

　一方、西美濃には南宮大社を祀る探鉱山師の南宮族、蘇我氏系鍛冶師の荒族、同じく産鉄遊民の須賀族がおり、東遷の先兵役を果たしていたとみてよい。

　彼らは東海地方で最大の集落遺跡といわれる荒尾南遺跡（岐阜県大垣市）の辺りを本拠地とし、南宮族・須賀族は東日本の資源を探っていた。

　南宮族は吉備・出雲と関係が深く、河川の上流にある鉱石や玉石の探鉱を得意としていたのに対し、須賀族は河口・湿地帯にある砂鉄・褐鉄鉱の採取を得意とし、各地を渡り歩くことから産鉄遊民という。

　荒族・須賀族は『魏志』濊伝にある濊人（韓国・北朝鮮の江原道にあった国の住人）であり、高句麗系であったことから倭国では高麗と呼んできた。

　彼らは辰韓・弁韓に進出して渡来し、奴国・出雲を経て弥生中期の時代東海に進出している。

『魏志』濊伝によれば、河川に縄張りがあると記されているように、須賀族は東海道筋の沿岸河口を縄張りとし、各地に人を派遣して在地民を使い、採取したものを買い取っていたとみら

れる。

　彼らのこのような生活の淵源は、むろん朝鮮半島にある。渡り鳥のように各地と本拠地の往復を繰り返すので白鳥を守護神としており、日本　武　尊（やまとたけるのみこと）の伝説、あるいは蘇我氏が葬送の儀式で鳥舞いを行っていたのは、弁韓あるいは辰韓から渡来した高麗であったことを示している。

　神武帝の先導役であった猿田彦（さるたひこ）は、須賀族か南宮族のいずれかに属する風水師（アラハバキ）であり、奴国にいた鉄鍛冶王の支配下にいたのであろう。

　弥生前期末の頃、奴国に渡来した鍛冶師は銅剣類の製作を得意とし、身分が高い者ほど多くの銅剣類を保有していたので、それは明らかに威信財としての保有である。

　その鍛冶師の一派が出雲に移ったとき、近畿発生の銅鐸祭祀と出会い、銅鐸と銅剣類の双方を祭祀具として用いるようになった。

　また、北九州から山陰・北陸に移住した鉄鍛冶王の墓は、玉作族の影響を受けた四隅突出墓であるが、そこから東海に進出した者は、その変化形である四隅陸橋型方形周溝墓・前方後方形周溝墓・前方後方形墳丘墓に変化しており、近畿の影響があったことは明らかである。

　したがって、山陰・北陸では玉作族四隅突出墓派も東遷の協力者であり、東遷した奴国の鉄鍛冶王と出雲王は同じ高麗系で、祖先神は須佐之男命とみることができる。

## 4．107年の合同朝貢

　弥生後期前葉にあっては、鏡や高価なガラス製釧（くしろ）の出土地が、日本海側に集中していることからみて、南海トラフ大地震・大津波の影響を受けなかった北九州・山陰・北近畿をつなぐ日本海ルートが、主要交易路であった。

　したがって、107年の後漢6代安帝（在位107～125年）に対する朝貢は、主としてこのルート上にあった国々と連合の宗主国によって行われたとみてよい。

　そのとき、前期邪馬台国と狗奴国のどちらを倭国の代表国とするのか争いとなり、朝貢の期日が迫ってきたことから打開策を求めて和議を勧め、合同で行う妥協をしたとみられる。

　通説では、このとき朝貢した倭国王の帥升（すいしょう）を伊都国王とし、その関係で注目されたのが井原鑓溝遺跡（いわらやりみぞ）（福岡県糸島市）にある木棺墓群であった。

　その中に、刀剣・鎧の一部・巴形銅器2個・方格規矩四神鏡18面以上を出土した墓があり、被葬者は武人の帥升ではないかと推定されている。

　しかし、7世紀の翰苑（かんえん）所引の後漢書では、倭国王ではなく面（めん）土国王もしくは面上（めんじょう）国王となっており、なぜそれが伊都国王に変わるのかという疑問も残った。

　単なる誤りとみる説や当時の人々は津波や洪水を避けるため低地から丘陵地に移住しており、面土もしくは面上とは固有名詞ではなく、そうしたクニを表す一般名詞のオカ（丘・岡）と

84

みる説がある。

　言い換えれば、伊都国王の帥升は国連合の代理人として朝貢団を率いた。ただし、高地丘陵に作られた灯火連絡網の支配者でもあったので、面土国王もしくは面上国王を名乗っていたということになろう。

　なお、帥升の「帥」は率いて（朝貢団を）、「升」は上る（都に）とも解されるので、名前ではないかもしれないことを付け加えておく。

# 5章　近江の伊勢遺跡

## 1．野洲川下流域は弥生遺跡の銀座

　琵琶湖の東南部に流れ込む野洲川下流域の扇状地一帯は、かつて幾つかの川に分流して広大なデルタ地帯を育み、その流路は洪水が起きるつど変わったが、そのデルタ地帯の中に約30haの祭祀空間を有する弥生後期中葉（1世紀末〜2世紀末）の伊勢遺跡（滋賀県守山市・栗東市）がある。

　この下流域は現在、野洲市・守山市・栗東市・草津市に分か

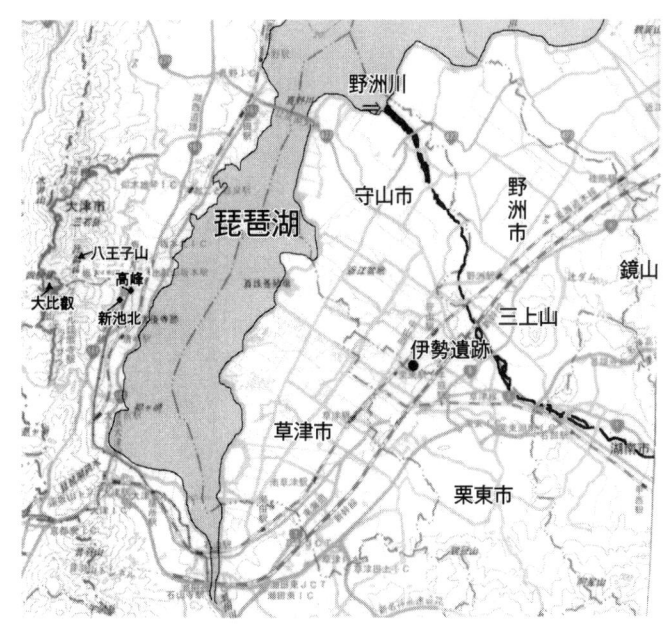

図5-1　野洲川下流域の弥生遺跡（研究会資料）

れているが、10㎢の中に120カ所の弥生遺跡が密集しており、国内の弥生後期遺跡としては極めて特異な地域で、それだけ人口が多かったと想定される。

その背景にあったのが、弥生中期後葉にあった南海トラフ大地震・大津波で、多くの被災地住民が移住したことによるものであろう。

中でも、伊勢遺跡の北西2.5kmの野洲川左岸にあった下長遺跡（守山市）は重要で、舟運による広域的な交易の拠点として邪馬台国の要となった集落と想定され、その周辺には多くの墓域が点在していた。

こうした遺跡の風景は、国連合の宗主国であった邪馬台国が、内外での交易によって成り立っていたことを示すもので、国名の「邪馬」とは自然の山ではなく盛土をした墳墓のこと、「台」若しくは「壹」とは漢語でイーと発音し、市のことを指しているとみた私の説に合致するものとなっている。

その他、弥生中期後葉の大規模環溝集落であった守山市の下之郷、伊勢遺跡と同じ後期中葉の金属加工工房があった栗東市の下鈎、玉作工房のあった野洲市の市三宅、草津市の烏丸崎、近畿式銅鐸と三遠式銅鐸合わせて24個を出土した野洲市の大岩山などの遺跡もある。

各遺跡の中で私が特に注目したのは、市場を有していたため環溝が３条から９条もあった下之郷遺跡の壁立式円形住居である。

弥生中期の下之郷には倭式の竪穴住居は１棟もなく、五角形

の竪穴建物・大型の高床
式掘立柱建物であった。
壁立式円形住居は『魏志』
韓伝に出ており、まるで
中国にある塚墓のようだ
との記事がある。

　したがって、この集落
遺跡は韓から渡来したも
のづくり工人によって造

図5-2　壁立式円形住居復原図（画：中谷純子氏）

られた可能性が高い。移住の時期は紀元前271年頃の弥生前期
末にあたり、中国での戦乱が朝鮮に及び、倭国に渡来したもの
とみた。

　移住の目的は交易の拠点づくりと関係があって、先進技術を
導入しようとした北九州の物部氏によるものと考えられるが、
後期になるとこの住居は見られなくなるので、高温多湿な倭国
の気候には馴染まなかったのであろう。

　なお、古田武彦氏が指摘したように、当時の中国では身分の
高い者が平地に盛土をして人工的な山を造る墳墓と、身分の低
い者が自然の山や丘陵を利用して造る塚墓を区別しており、塚
墓には草葺きの円形建物を設けていた。

　塚墓は後で取り上げる邪馬台国と狗奴国の王墓に関係がある
ので、このことを記憶に止めてほしい。

　次に注目したのは、下之郷遺跡と伊勢遺跡にある五角形の竪

図5-3　五角形の竪穴建物（守山市教育委員会資料）

穴建物である。中央に炉があって壁際に貯蔵穴、湿気を遮断するための掘り込み溝のあることが特徴的である。

この建物は金属加工や土器製作のための工房で、弥生後期の高地性集落である谷山遺跡（京都府長岡京市）、尾生遺跡（大阪府岸和田市）などでもみられるもので、韓から持ち込まれて各地に広がったと考えられる。

一般には竪穴住居といわれているが、住まいではないので竪穴建物または竪穴工房というべきである。

## ２．伊勢遺跡の調査結果

琵琶湖の東南部に面した野洲川下流域の扇状地にある伊勢遺跡は全体で約30haに及び、その一部が2002年から2012年にかけて調査が行われ、弥生後期の１世紀末葉〜２世紀末葉の約100年間、他に例のない数多くの祭祀施設とみられる建物などのあったことが明らかとなり、国指定の史跡となった。

円周の外側に円弧状の第１溝（幅１mで浅い）、その内側に円弧上の柵列、その内側に円弧状の第２溝（幅6.5mで深さ３m）

が掘られていた。

　円弧状溝の流水は聖水、その中は聖地で円弧は天を表し、聖地には祭祀関係者以外の立ち入りが禁止されていたであろう。

図5-4　伊勢遺跡の現況

　東の外側には直線状大溝、南の外側には配水溝、導水施設、導水溝、自然流路、クランク状溝があった。直線状大溝は物を運ぶため、クランク状溝は円弧状溝に流す水流を弱めるための工夫とみられる。

　この遺跡は2世紀末葉に解体され、柱などは抜き取られてい

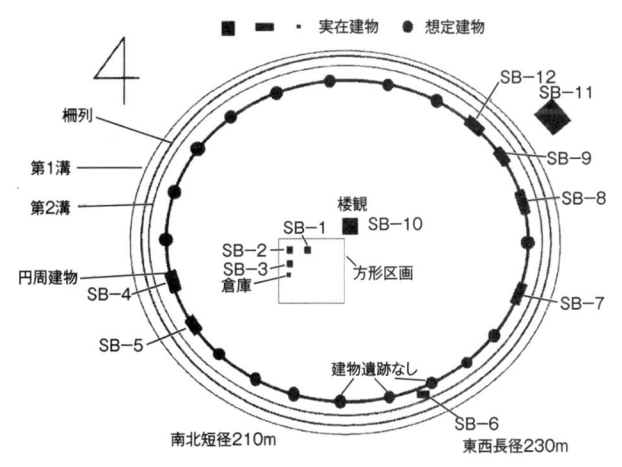

図5-5　建物配列推定図（守山市教育委員会資料より作成。発掘調査は一部しかされていないので、円状の柵列と構などは推定）

図5-6　伊勢遺跡の復原図（CG制作：小谷正澄氏）

たことから、倭国大乱後の185年頃卑弥呼が女王に共立された
とき、大溝を使って材料を運び出し、宮殿に再利用されたとみ
られるので、卑弥呼の王宮はここからそれほど遠くない場所に
あったと推定される。

## (1)　方形区画内の建物

　SB-1（主殿、高床式建物、床86㎡）

　SB-2（副屋、近接棟持柱付平地式建物、床57㎡）

　SB-3（祭殿、近接棟持柱付高床式建物、床49㎡）

　倉庫　（独立棟持柱付高床式建物、床17㎡）

　これらの建物は、円周の中にある柵で囲った方形区画内にあり、
ここは政治祭祀空間とされ、ある年月を経たとき中央の主殿を
はさんで左右対称になるよう右方に建て替えられたとされる。

　このことは、現在の伊勢神宮における式年遷宮を思わせる。
また、『記紀』神話にある近江の多賀大社に祀られた伊弉諾尊・

図5-7　方形区画内建物復原図（CG制作：小谷正澄氏）

伊弉冉尊、また伊弉諾尊が亡くなった後の幽宮である淡路島の伊弉諾神宮は、倭国大乱後に卑弥呼がこの祭祀建物から移したとみえる。

　後述のとおり、この遺跡における天地の祭祀を廃止した真の狙いは、大乱の原因となった2大地震の再発抑制にあった。

　方形区画は神聖地であり、主殿には父なる天の伊弉諾尊、副屋には母なる大地の伊弉冉尊、祭殿（大社造）に前期邪馬台国連合王の祖先神（物部氏の祖先神）を祀っていたであろう。

　これらの建物は陰陽五行思想にみられる輪廻の思想に則し、一定の年月を経たとき反対側に建て替え、陰から陽へ、陽から陰へ蘇りを図る意味がある。

## (2)　円周内中央の建物

　SB-10（楼観、屋内棟持柱付建物、床81㎡）

　3層構造で正方形の四辺が東西南北に正しく合っていた。吉

図5-8 楼観復原図（CG制作：小谷正澄氏）

野ヶ里遺跡でも同様の建物があり、祭主である前期邪馬台国王が、加入国の安寧や交易の発展を願い、最上階の中央で天地の祭祀を行う、また季節の運行をみるため天文観測もここで行っていたであろう。

## (3) 円周上の建物

SB-4、5、7、8、9、12（祭殿、独立棟持柱付建物、床40～45㎡）

これら神明造の6棟は、ほぼ等間隔にいずれも正面が円の中央部を向くよう配置されていた。

図5-9 円周上建物復原図（CG制作：小谷正澄氏）

建物は全部で23棟の配置を予定し、その数は中四国以東における前期邪馬台国連合の加入国数に合致し、一度に設置

されたわけではなく徐々に増加したとされている。

　おそらく、各国の守護神を祀った建物で、建築は加入国が行ったのであろう。なお、九州における7カ国については伊都国で祭祀を行い、後漢が支配する属国地と支配外の独立地を区別して祭祀を行っていたと解される。

　円弧状に配置したのは、漢の都長安城の南郊にあった明堂並びに中国にあった28宿の星座図にヒントを得たことによるものであろう。円周内の建物総数の予定を28棟にしたのは、このことを表わしたとみられる。

### ⑷　円周外近接建物

### SB-6（祭殿、屋内棟持柱付建物、床38㎡）

　円周想定線上から外れて構造も違っており、その左側の円周に沿った3棟分の発掘調査では建物跡が確認されなかったことから、これらは建築されなかったのか、あるいは後世に破壊されたものか不明である。

　円弧を外した理由は難解だが、中国では天の形を円ではなく方と考える流派もあって、青銅鏡に天方地方を模したもの

図5-10　円周外祭殿復原図（CG制作：小谷正澄氏）

がある。

　日本の古墳の中に方墳や前方後方墳があることからすれば、天円ではなく天方を信じる加入国が造ったものであろうか。

### (5)　円周外建物

　SB-11（客殿、棟持柱付超大型竪穴建物、床185㎡）

図5-11　円周外客殿復原図（CG制作：小谷正澄氏）

　円周外側北東にあり、加入国の王や連合の役人が祭祀のとき集まって祈願をしていたとみられる。弥生中期の下之郷遺跡に韓からの渡来人がいたとなれば、伊勢遺跡でも新たな渡来人の関わりがあったとみるのが自然である。

　四周の壁には本邦最古の焼成レンガを使い、床は2層に分けて粘土を敷いて焼き固めており、その源流は中国の江南にあるとされ、建造にはその方面からの渡来人が関わった可能性が高いとされている。

### (6)　五角形の竪穴建物にあった良品土器

　多くの良品土器が出土した遺跡西側の建物は遺跡建設時の作

業小屋で、それが
終わったときまと
めて置いていった
のだろうか。

図5-12　良品土器（守山市教育委員会資料）

　この工房の中で
祭祀に使用する器
具が造られ、良品
土器とは日常的に
使う土器ではなく、神への捧げものに使用した供献土器で、大
地震が起きたときそのまま置いて逃げたと解される。

## (7)　川岸にあった土器捨て場

　祭祀区域から離れた遺跡南西側に遺跡建設に従事した者の竪
穴住居があり、日常的に使った土器や手焙形土器が捨てられて
いた。

　縄文時代の貝塚が
単なるゴミ捨て場で
はなく、豊穣の祈願
と感謝をした祈りの
場であったという注
目すべき見解がある
ように、ここは捨て
場ではなく祈りの場

図5-13　土器捨て場（守山市教育委員会資料）

であろう。

## (8) 手焙形土器

　この土器は近江が発生地で、神門３号墳（千葉県市原市）でも出土しており、後期邪馬台国が進出した地域とみられるので貴重なものだが、使用目的は不明とされている。

　おそらく、シャーマンが神懸りになるとか、鍛冶などの工人が不眠不休で働くとき、大麻を燻して吸うとき使われた道具とみられる。通説によれば大麻は縄文時代から使われていた。

図5-14　手焙形土器（守山市教育委員会資料）

# 6章　漢の明堂と伊勢遺跡

## 1．長安城南郊の明堂

　伊勢遺跡は他に類例のない極めて特殊な形象を有し、朝鮮でも見られないものである。したがって、中国との直接関係が想定されることから、類似の遺構やその背景となった文化思想をみることとする。

　中国では1956年から翌年にかけ、前漢の都長安城の南門にあたる安門（後代の天安門）の南郊にあった明堂の遺構を調査している。

　その結果に基づき、建築家の王世仁氏が「漢長安城南郊礼制建築(大土門村遺址)原状の推測」と題する論文を建築雑誌(1966年日本建築学会) に掲載した。図6-1はそれを引用したものである。

　明堂の外側には天の川とみた渭水（いすい）から引いた河渠（かきょ）が掘られ、ここから水を引いて直径約350mの環水溝（かんすいこう）に流し込み、その中に方形の塀がある。その中心の基壇上に建物があって冬至のと

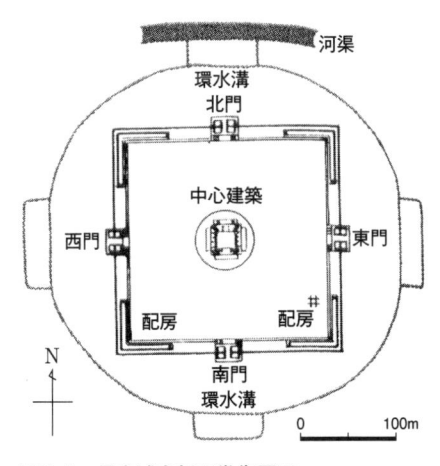

図6-1　長安城南郊明堂復原図

き皇帝が豊作を祈り、
干天のときは雨乞いを
した。

環水溝は天を表し、
方形の区画は大地を表
すもので、陰陽五行思
想に基づく天円地方の
宇宙観を体現したもの

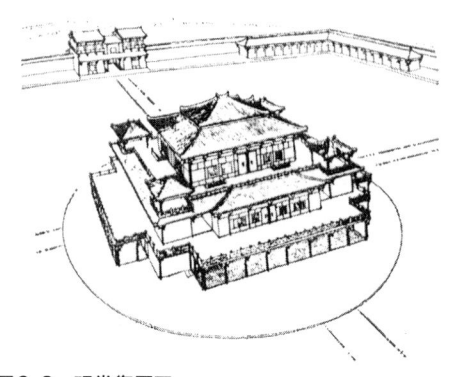

図6-2　明堂復原図

だが、この施設は後漢の都であった洛陽城に引き継がれ、後代
の王朝では円丘壇、天地壇、天壇と呼称が変わっている。

　中心建築物が明堂で、中には皇帝の祖霊のほか父なる上帝と
５帝が祀られており、その前で皇帝が自ら礼制を行うことに
よって天下万民に礼制を守らせ、徳を広めることによって王化
政策を進めるという意味があった。

## ２．漢代に定まった中国の郊祀制度

　秦の始皇帝（在位前221 ～ 210年）から始まった皇帝の宗廟
と天下国家の祭祀であった郊祀制度は、主として東方の斉や燕
の国にいた方士、即ち仙術・医術・卜占など方術を行う者の献
策によるものであった。

　伝統的な道教の教えを主体とする陰陽五行思想に基づくもの
で、輪廻の思想を根幹としていたが、前漢の時代に儒教や仏教
の思想を取り入れるなど変更があり、後漢になって最終的に確

定したのが次の8帝の祭祀である。

①天帝は北極星神で宇宙万物を創成した最高神

②天の上帝は日神で陽の支配者であり男神

③地の后土(こうど)は月神で陰の支配者であり女神

④青帝は東方と春を支配し守護神は青龍

⑤赤帝は南方と夏を支配し守護神は朱雀(すざく)

⑥上帝と后土の子である黄帝は中央と土用を支配する天子で
　あり皇帝

⑦白帝は西方と秋を支配し守護神は白虎(びゃっこ)

⑧黒帝は北方と冬を支配し守護神は玄武(げんぶ)

前漢7代武帝（在位前140〜前87年）のとき、長安の西方にある陝西省(せんせい)において、②の上帝と④から⑧までの5帝を祀り、東方の山西省において③の后土を祀るようになった。

だが、12代成帝（在位前32〜後7年）のとき長安城の南郊に円丘を造って②の上帝を祀り、北郊に方丘を造って③の后土を祀るようになった。しかし、成帝に子供ができず効果がないとわかると元に戻している。

王莽が実権を握った前漢最後の皇帝である14代平帝（在位1〜5年）のとき、儒教や仏教の影響を受けながら、②の上帝と④から⑧までの5帝は長安城南郊の明堂に祀り、③の后土は北郊の方丘に祀る改革が行われた。

さらに、後漢初代光武帝（在位25〜57年）のとき、①の天帝を祀る泰山（中国山東省泰安市）において、天子となる封禅(ほうぜん)

の儀式を行うとともに、洛陽城では長安城と同様の祭祀を行い、紆余曲折のあった郊祀制度が8帝の祭祀として確立されている。

## 3．中国の28宿と伊勢遺跡の28の建物

　前章で指摘したように、伊勢遺跡の環溝内にある28の想定建物は、陰暦に欠かせない月を主題とした中国の28宿からヒントを得たとみられる。当時は世の東西を問わず、大地が静止して天の星が動くとみる天動説の時代である。

　古代の中国では天文観測によって300宿に及ぶ星座がつくられ、少ない星をまとめた小さな形が多い。

　一方、同時代のヨーロッパでは詳細な天文観測により、多くの星をまとめた大きな形が多い。

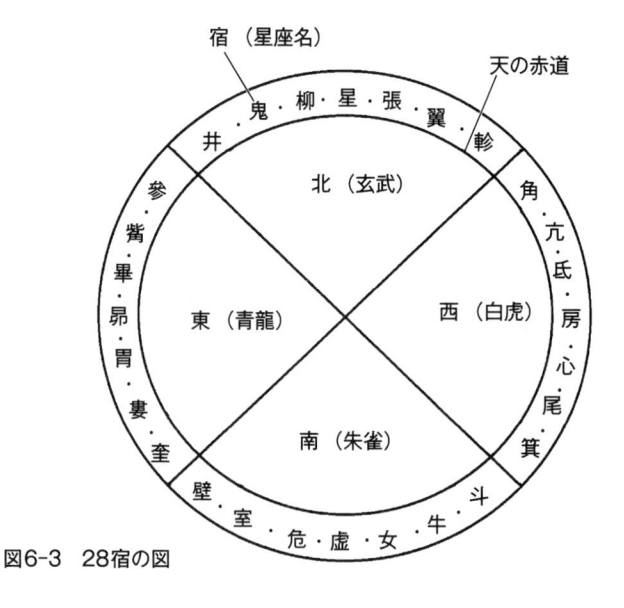

図6-3　28宿の図

　また、中国では大地の中心に天子である皇帝がいるように、天の中心にある北極星には天帝がおり、そこから離れるほど星の身分は低いとする空間階級を構成していた。

　中国の28宿とは、円形の空中で月が天の赤道を公転するとき通る28宿の星座を配置し、これに陰陽五行思想の5帝を重ね合わせ、予言や占いなどの道具として使われてきたものである。

　東と西が逆方向に配置されているのは、天帝が真上から見下ろした形にしたもので、人が下から見上げた形の左右反対、つまり天空の星を鏡に映した形と同じこととなる。

## 4. 朝貢外交と天地祭祀の伝来

　中国の国史に記述はないものの、発掘された墳墓の遺物からみて、弥生中期末にあたる前1世紀末葉の頃、北九州の伊都国と奴国は同盟を代表して前漢に朝貢を行なったとみられるが、そのときの使節は都の長安まで行ったのではなく、皇帝の直轄地である楽浪郡止まりであったとするのが通説である。

　ところが、紀元5年前漢最後の平帝（在位1〜5年）のとき、「東夷の王が大海を渡って来貢し国の珍品を奉じた」と『漢書』王莽伝にあるが、倭国とか倭人と書かず単に東夷とあるため公認されていない。

　この年は実力者王莽の発案で皇帝の郊祀制度が改革され、前年に完成をみた長安城南郊の明堂に諸王や文武百官が参列し、

初めて盛大な郊祀が行われる記念すべき年であった。

　中国でいう東夷とは、当時7カ国（扶余・高句麗・東沃沮・挹婁・濊・韓・倭）があるものの、大海を渡り珍品を奉じる国とは倭国以外に考えられないので、朝貢した東夷とは倭人であるとみて間違いはないだろう。

　また、その国とは前1世紀末葉の頃楽浪郡に朝貢した伊都国とみざるを得ない。1章でみたとおり、前1世紀奴国と伊都国は相次いで楽浪郡に朝貢したが、伊都国は奴国に勝ると認められたことが重要な観点となる。

　朝貢した伊都国王は、漢帝国の外藩王としてこの郊祀に参加し、その影響を受けて帰って来た可能性が高いとみなければならない。

　こうした流れからみても、57年に光武帝から金印紫綬を授かったのは奴国王ではなく、実績を積んで同盟から連合に拡大した伊都国王であったとみられ、王もしくはその使者が後漢の都洛陽城に行き、皇帝が行う郊祀に参列したのは当然のことであろう。

　こうして得た権力的基盤を背景として中四国以東の加入国を増やし、各国に市場を開設するとともにさらなる東方進出を目論み、後漢を見習う形で1世紀後葉に本拠地を北九州の伊都国から近江の前期邪馬台国に移したとみた。

　『魏志』倭人伝によれば、前期邪馬台国は男王であり、その時代は倭国大乱以前の70〜80年間とされ、東遷は光武帝から金

印を授かったことがきっかけで、1世紀後葉と推定される。

　ただし、107年の後漢安帝に対する朝貢は、前期邪馬台国と狗奴国による合同の朝貢であったとみざるを得ない。

　その背景にあったのが、東日本へ進出するための拠点である濃尾平野の取込みを巡って両国が争い、狗奴国が優位に立ったことであろう。

　ただし、詳細は12章で取り上げるが、663年の白村江の敗戦後にあっては、近江の邪馬台国や濃尾平野の狗奴国に関連付けて国史を書けば、倭国は九州ではなく本州にあったことがわかってしまうので、唐に知られないようにするため、『記紀』は改変したとみる。

# 7章　前期邪馬台国の伊勢遺跡

## 1．伊勢遺跡構築の目的

### ⑴　環溝集落説の問題点

　伊勢遺跡に対する一般的な評価は、円形の環溝集落の中に方形の指導者居住区がある遺跡であり、数多くみられるものの一つに過ぎないというものである。

　であれば、環溝の中に多くの竪穴住居があって土器などの出土物があって当然なのに、そうしたものは出土せず、生活臭を感じさせないのはなぜなのか。

　また、環溝に沿ってほぼ等間隔の円形状に配置された祭殿の説明も不十分といわざるを得ない。

　倭国に多大な損害を与えた前1世紀後葉における南海トラフの大地震・大津波の経験を踏まえ、弥生後期に祀りごとを行っていた指導者とすれば、大規模災害の抑制と被災地の復興を図ることは急務であった。

　そのため、祭祀の道具を銅鐸・銅剣から銅鏡・鉄剣に変えてみたものの、その効果が芳しくなかったのは当然の成り行きである。

### ⑵　新文化の導入

　そこで、朝鮮や中国との交流交易を強化することによって新

技術の導入を図るとともに、祭祀は新たな国づくりに相応しいものが求められ、それには東アジアの盟主国であった中国から学ぶことが早道であると考えたのであろう。

　かねてから朝貢で積み重ねた経験と知識に加え、中国から招聘したであろう方士もしくは儒者の助言に基づき、それが構築されたと思われる。

　伊勢遺跡が造られたとされる1世紀末葉は、『魏志』倭人伝によれば、前期邪馬台国の発足に伴って男王が就任した時期で、倭国大乱（177〜184年頃）まで続いていたとある。

　構築にあたって参考にしたとみられるのは、黄河の支流である渭水を天の川とみ、宮殿などの建築物を星座にみたてて配置し、地上に天を表したとされる秦の都咸陽の例、もう一つは儒教を国教化したことに伴い、前漢の長安城南郊に造られた明堂の例があった。

　伊勢遺跡のような種々の建物様式が、弥生中期に大陸から伝来したことは明らかだが、施設全体の設計配置についても、中国のこうした事例を参考にしなければあり得ないことであろう。

　また、伊勢神宮の建物様式を神明造といい、祖先を明神として祀る伝統的風習がある。その源流は中国の儒教に基づくもので、明堂における皇帝の郊祀や伊勢遺跡における祭祀が影響し、古墳時代の墓上祭祀に引き継がれたのだと解される。

### (3) 星座と城郭

　当初、伊勢遺跡の建物全体の復原図を見たとき、星座を利用して神社の建物を配置した城郭が弥生時代にもあったのかと錯覚し、奈良時代にヤマト朝廷が陸奥国に造った7城の先例ではないかと私は色めき立ったものであった。

　図7-1は①〜⑦が北斗七星、⑧が北極星、名称は祭壇に置かれた神社名で、②・③・⑥は後世に移動があったものである。

　星座の方角は左右反対で、この南側を西から東に古代の七北田川が流れていた（拙著『古代東北の城柵と北斗七星の祭祀』無明舎出版、参照）。

　多賀城をはじめとする7城の周辺には、祭壇となる神社が8カ所配置され、それを結んでいくと北斗七星と北極星の形にな

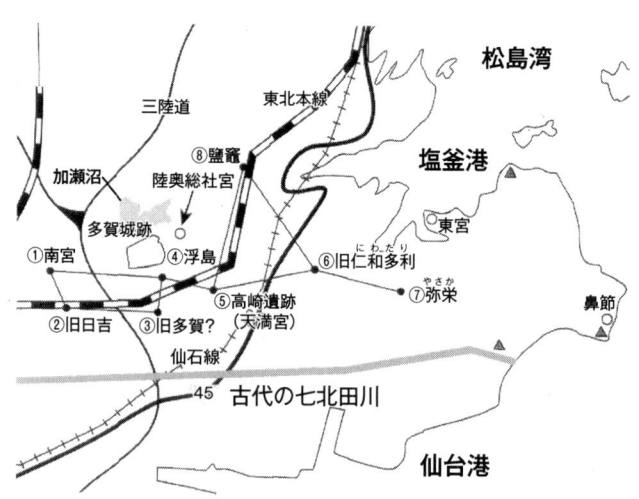

図7-1　多賀城にみる北斗七星と北極星の配置

ることがわかった。

そうした設計配置は、都から国府に派遣されていた陰陽師（おんみょうじ）によるもので、城の安寧と蝦夷（えみし）の侵略を防止するため、砦を兼ねた行政庁舎である城に護符を貼り、祈願をしたことによるとの結論に至っていた。

こうした祭壇を設けた狙いは、ヤマト朝廷が東国から北方へと支配地を拡大するにあたり、天の支配者であり伊勢神宮の祭神でもある天御中主神（あめのみなかぬし）（北極星神）とその従者である神々（北斗七星神）を守護神と考えていたからであろう。

また、今では「多賀城」をタガジョウと読んでいるが、本来はタカギであり、灯火連絡網の守護神である高御産巣日神（高木神）に由来し、灯火連絡網を戦いに用いる蝦夷に対抗するためであった。

なお、弥生の環溝集落における環溝と伊勢遺跡に造られた2重の環溝では、形は似ていても内容が全く異なる。

前者は時代が下ると防御の意味が薄れ、不要となったものや汚物を捨てるためのもので、伝染病や寄生虫の発生原あるいは伝染原となった。

そのため、井戸を掘って利用した環溝生活は不衛生で危険なものであったとされ、多くの人がその犠牲となっていたことが読み取れる。

弥生後期になると人々は分散して住むようになり、環溝集落が戦闘のために造られたというこれまでの説は後退した。

## 2. 『記紀』以前の祭祀

### (1) 伊勢の意味

伊勢遺跡における天地の祭祀は、倭国大乱後の185年頃卑弥呼が女王に共立され、後期邪馬台国が発足したとき廃止されたとみるのが妥当である。

しかし、多くの人々がここに参拝して祈願をした時代が約80年間続いたことにより、倭人の神祀りに大きな影響を与えたことは否定できない。

その結果、社（やしろ）の造りの一つが神明造となり、社を建て替えて蘇らせることが伊勢となり、祖先の神が明神となった可能性が高い。

歴史的に中国との関係が微妙な問題を抱えてきた朝鮮の王朝にあっても、国王が円丘壇を設けて天の祭祀を行うことは近代までなかったことである。

ただし、儒教を国教化した7世紀の統一新羅王朝の時代、王陵の築造地を丘陵地から山麓の低地に移動し、陵墓の周りに溝を掘って近くの川から明堂水と称する水を引いたことは、天子の教えに従ったものだといえる。

しかし、倭国では弥生後期に天地の祭祀を行った祭壇施設が造られ、それがなぜか九州ではなく本州のほぼ中央に位置する近江と美濃であった。

しかも、これらの祭祀を基本とした国連合の有り様は、後世に大きな影響のあったことが読み取れる。

　そこで、伊勢という言葉の意味が何であったのかみてみよう。最も参考になったのは、金達寿氏の見解である。

　氏によれば、須恵器の「須江」や「蘇」が朝鮮語では鉄や固く焼いた土器を意味し、発音はス・セ・ソの中間音（子音）だというものである。つまり、日本語でいえば母音ではないので、中間音の訛り言葉となる。

　したがって、伊勢のセも同系の言葉であって、イは接頭辞、セは固いものというよりは、陰陽五行思想にいう輪廻の思想に基づいた「蘇り」を表したもので、太陽であれば朝の日の出のこと、土石や鉱石であれば火熱を加えて土器・鉄器・銅器となったこと、原石であれば磨いて輝く玉となったことを表していたとみるべきであろう。

## (2)　神事の王と政事の王

　倭国の祭祀に関する注目すべき記事が、『隋書』倭国伝にある。それによれば、『記紀』編纂が始まる前の600年、推古女帝と聖徳太子が遣隋使を派遣した。

　その使者は、隋初代文帝（在位581〜604年）の問いに対し、「倭王の姓は阿毎（天）、字は多利思比孤（帯彦）、号して阿輩鶏弥（大王）という」と答えている。

　さらに、「倭王は天の兄が夜明け前に政務を執り、夜が明けると日の弟にそれを譲る」と答えたところ、文帝は後段の件について、「不合理なので改めるように」といって諭したとある。

　不合理な理由は書かれていないが、中国では北極星神が天帝を意味し、皇帝はその子つまり天子なので、倭王はその下にいるのだから天神でも日神でもなく東方の人にすぎないこと、また王が神政分担の制度に基づく2人制であることは、混乱の元になるといいたかったのであろう。

　文帝は陰陽五行思想の発祥地である中国こそが大地の中央にあるのであって、その地にいる皇帝（天子）は天帝の命を受けた唯一無二の存在であることを強く使者に求めたことがうかがえた。

　この年の遣隋使派遣事実については、663年の白村江の敗戦処理が絡んでいて、倭国とヤマト（日本）国は同じであることがわかってしまうので、不都合とみた『記紀』が意図的に外したとみられるだけに、この記述は重要な内容を含んでいる。

　即ち、当時のヤマト朝廷に仕える使者が答えたことは、白村江の敗戦や『記紀』執筆以前のことなので、真実であることが読み取れた。

　それによれば、倭王は男系で諱<ruby>諱<rt>いみな</rt></ruby>はタラシヒコであったとみられ、天神の現人神<ruby>現人神<rt>あらひとがみ</rt></ruby>である兄王が夜明け前に神事を行い、夜が明けると日神の現人神である弟王に政事を譲るとあり、事実上の権力者は後者とみられる。

　ただし、使者の答えたことはあくまでも平時の場合の一般論を述べたとされるので注意を要する。

## ⑶　神事の王に男王と女王

　このときはたまたま兄王の地位に推古女帝が就任しており、弟王が蘇我氏なのか聖徳太子なのか分かれるところだが、卑弥呼が女王であった時代と同様の祀りごと体制で、東アジアでは初めての女帝であった。

　タラシは田田羅師からきたとみられ、その田は水田や畑にある農地を区画した象形文字とは関係がなく、雷にある田で稲妻の象形文字からきた靁であり、先祖が鉄鍛冶王であったことを示唆している。

　このことに関連するのが弥生中期の田和山遺跡（島根県松江市）で、山の頂上に9本の柱を田の字状に立て、出雲の鍛冶王が雷神の祭祀を行っていた。

　また、隅田八幡神社（和歌山県橋本市）の人物画像鏡によれば、兄王は大王で弟王は男弟王と記され、大王は雄略帝の443年説、継体帝の503年説に分かれ、男弟王は不明である。

　この人物画像鏡が関係する応神王朝の5世紀、中国南朝に朝貢した倭の5王時代もむろん神政分担の2人王制であった。

　なお、『魏志』倭人伝によれば、卑弥呼の王宮にただ一人の男弟が出入りしているとあるが、実弟という意味ではなく、政事を担う男弟王のことを指している。

## ⑷　『記紀』の2人王制改変

　2人王制については、吉野裕子氏によって傍証となる重要な

研究成果がみられる。

それまで、伊勢神宮が天皇家の先祖とされる天照大御神（太陽神）のみを祀ってきたことに疑いを持つ者は誰もいなかった。

だが、氏は積み重ねた調査結果に基づき、天御中主神（北極星神）も祀ってきたことを指摘し、耳目の驚きを誘った。

このことは、天地を祀って神事を担当していた兄王（大王）の守護神が北極星神で、政事を担当する弟王（男弟王）の守護神が太陽神であったことを見事に立証したことにほかならない。

なお、中国では天帝である北極星神を中性神とし、太陽神が男神で月神を女神としているのに対し、日本では天御中主神を男神としたことから、太陽神が女神で月神（月読尊）は男神となっている。

日本でこのように変化したのは、「様々なものを生み出す産霊神の大本は太陽神である」との宇宙観にあり、縄文時代から続く思想的な流れが、強く影響した結果と思われる。

神政分担の２人王制は、少なくても飛鳥時代の600年まで続いていたにもかかわらず、『記紀』では古来１人の天皇制で、原則は親から子に受け継がれたと改変している。

また、600年以前の天皇を兄王とみるか、弟王とみるか問題があるものの、弟王は実務に優れた権力者であることが必要なので、血族の皇太子を弟王とみることには疑問があるとみた。

倭の５王時代をみると、兄王に即位するのは親子より兄弟が優先するとみられ、武力を背景とした争いが絶えなかったこと

からみれば、即位のルールは確立されておらず、強い者がなって当然とみていたふしがある。隋文帝の指摘は、正しいものであったといわざるを得ない。

## 3．灯火連絡網の構築

### (1)　夜間航行と灯火

　唐・新羅同盟軍との戦いを指揮するため、斉明女帝や中大兄皇子などの皇族が、難波津から九州に向かう記録をみると、潮汐の干満差が激しい瀬戸内海において、当時の舟は潮流を利用するため、夜間であっても航行していたことがわかる。

　定期的かつ広域的な交易を既に確立していた弥生中期後半において、瀬戸内海をはじめとする沿岸海洋を航行した舟も同様であろう。

　ただし、夜間の安全を期すには灯台のような目印が必要であり、各地に松明を灯火する灯火台を設けていた。

### (2)　火見の監視所と灯火台

　弥生中期末葉になるとこの仕組みは舟の航行のみならず、遠隔地を結ぶ情報の連絡手段としても利用されるようになる。

　さらに、灯火台は昼間の烽火台としても使用されたとみられ、こちらは一般住民に冬至と夏至を知らせるためであり、農業や漁業には欠かすことができない。

　こうした倭国のクニ・国の動きは、弥生中期末葉に漢へ朝貢

**図7-2 近江の火見監視所・灯火台**

したことによるものである。即ち、中国皇帝の重要な役目は、毎年暦を造ることであったとされ、四季の区分も明確であった。

弥生後期に連合の宗主国となった邪馬台国と狗奴国は、見晴らしの良い高地丘陵に灯火台をつくり、烽火によって冬至と夏至の到来を住民に教えたとみられる。

灯火台とは展望の良好な丘陵地の上に竪穴建物を構え、ここに必要な材料を常時保管し、火見という監視所の監視役が采配を行う施設で、いずれも高地性集落の一種である。

火見から指示が出ると、下方にある居住集落から担当者が駆けつけ、夜間の灯火や昼間の烽火をもって遠隔地や支配地に知らせた。

近江では、弥生中期末葉の大津市の高峰遺跡（標高167m）・後期中葉の新池北遺跡（標高153m）がそれにあたる。

四方の眺望が良好な比叡山の大比叡（標高848m）にあったとみられる火見の監視所は、伊都国との連絡にあたっていた。

伊都国のあった三雲番上遺跡（福岡県糸島市）の地名を分析してみると、三→御（尊敬語）、雲→煙（烽火の煙）、番→炎ま

たは火（灯火の火）、上→神となる。

　したがって、意味からすれば「御煙火神」となるので、守護神を高御産巣日神（高木神）とする灯火による火枝のネットワークの出発地点がここにあったとみられ、高木（高城）とは灯火台のことである。

### (3)　灯火連絡網と日枝族

　大比叡は日吉大社（旧日枝社）発祥の地との伝承があることからみて、その役割を担っていたのは物部氏系探鉱山師の日枝族であった。

　北九州の比恵遺跡・日吉神社（福岡市博多区）と繋がりがあったと推定され（P.50　図3-3参照）、その実態は鍛冶師と関係の深い探鉱山師であろう。

　この点について参考になったのが、7、8世紀のヤマト朝廷に抵抗した陸奥国の蝦夷の事例で、西日本から移動してきた物部氏系山道の蝦夷と蘇我氏系海道の蝦夷である。

　彼らは主要な山頂に火見の監視所を設け、灯火・烽火で遠隔地に連絡する戦術を得意とし、それが火高見（日高見）という国名になり、「北上」はその転訛によるものであった。

　また、日枝族は濃尾平野の展望に優れた金華山丘陵（岐阜市）にも火見の監視所を設けたが、2世紀初頭に支配者が前期邪馬台国から狗奴国に変わっている。

　ところで、今の考古学では丘陵地にある火見の監視所・灯火

台のみならず、季節風を利用した炉のある工房、津波や洪水を避けるため低地から移動した集落などをひとまとめにし、高地性集落と名付けているが、私はこのことに疑問を感じる。

　高いところにあるから何でも高地性集落というわけではない。火見の監視所にしても常在して見張りを行っていたとは考えにくい。

　例えば、伊都国への交易船来航は季節の良いときに限定され、冬至・夏至の到来は定期的に巡ってくるものであるから、その施設使用は臨時的なものであり集落とはいえない。

## 4．前期邪馬台国の王宮と王墓

　次に、伊勢遺跡があった当時の前期邪馬台国について、男王の王宮と王墓がどこにあったのか推測してみよう。

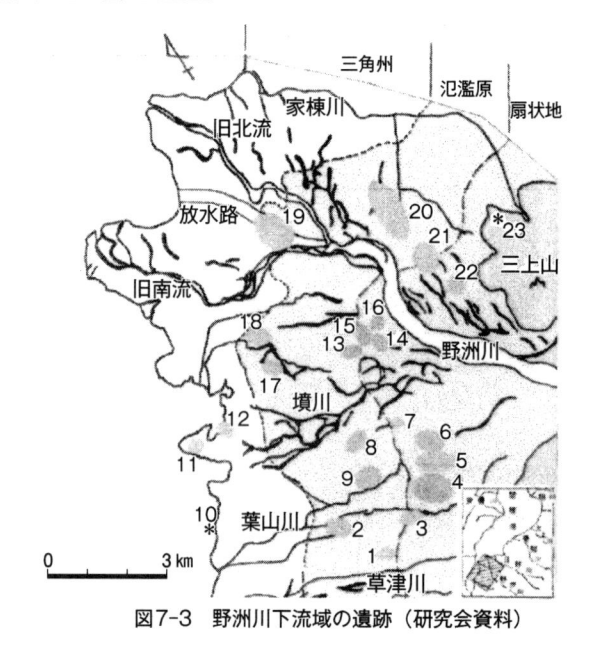

図7-3　野洲川下流域の遺跡（研究会資料）

## (1)　野洲川下流域の遺跡

　図7-3による番号と遺跡名は次のとおりで、下線は拠点・中核・重要であることを示した。

　1門ヶ町・2宮前

　3中沢・4下鈎・5野尻

　6伊勢・7山田町

　8下長・9霊仙寺

10志都湖底・11烏丸崎

12小津浜・13下之郷

14二ノ畔横枕・15酒寺・16播磨田東

17赤野井浜・18寺中・19服部・20八天

21市三宅東・22下々塚・23大岩山

## (2)　王宮と墓地

　先にみたとおり、広域的な交易拠点が8下長遺跡にあったことからみれば、王宮はここから近い場所にあった、あるいは漢の長安城は明堂の真北にあったことをみれば、6伊勢遺跡の真北にあった可能性もある。

　一方、陰陽五行思想から

図7-4　前期邪馬台国の王宮と王墓

すると、祭祀を行う 6 伊勢遺跡は、東の陽（王宮）と西の陰（王墓）の概ね中間ということになる。

　ところが、その東側を見ると遺跡は見当たらず、古代の野洲川が流れていたことがわかっているので、王宮遺跡は流されたか、その下にあるとみられる。

　また、王墓は日の沈む比叡山の東側、即ち大津市滋賀里辺りの西側丘陵とみられるものの、八王子山にあったと想定される卑弥呼の墓のように（11章参照）、7 世紀の近江ヤマト政権によって改葬、もしくは破壊された可能性がある。


## 5．邪馬台国の方位と里程

　邪馬台国の所在地を説明した『魏志』倭人伝によれば、方位と里程は図7-5のとおりで、不弥国以降の南が東の誤りであることは多くの先人によって指摘されてきた。

　また、里程についても明らかに異なる。帯方郡から企救半島にあったとみられる不弥国まで 1 万700里（ 1 里は430m余なので4600km余）とあるのは過大すぎる。

　平壌市付近とみても実際には2300里（1000km）弱であるから、同郡から邪馬台国まで 1 万2000余里（5100km余）とあるのも過大になる。

　松本清張氏によれば、中国では砂漠を渡った遥か遠い国であることを表現するのに、「萬二千里」という里程が慣用的に使われていたという（『漢書』西域伝・『魏志』鮮卑伝）。

　したがって、大海を渡った遥か遠い国であることを示したにすぎないのであって、実距離とすることは適切ではない。

　一方、不弥国から邪馬台国までは計算上1300余里（500km余）となるが、なぜか所要日数で示して里程を知らない倭人式にしてある。

　これはおそらく、韓や北九州の地は前漢の時代から郡県支配下の属国であったため国内扱いとして里程換算をし、その先の支配外地と区別していたからだと思われ興味深い。

　ところが、対する倭人もしたたかなもので、連合の鉄鍛冶王

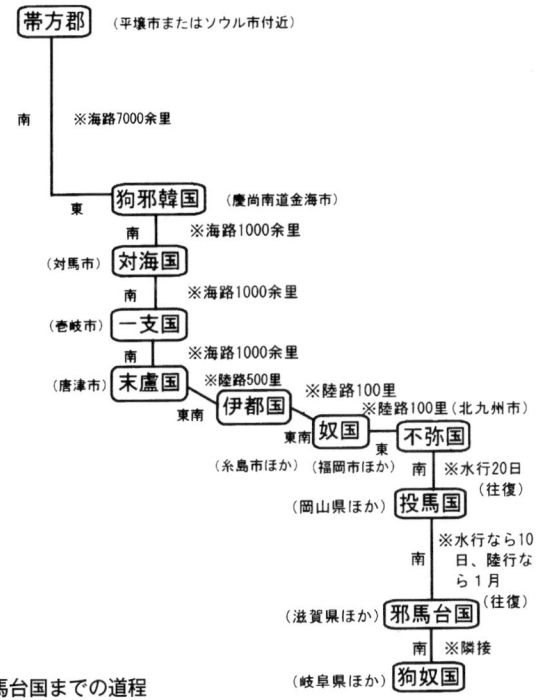

図7-5　邪馬台国までの道程

が北九州から本州に東遷して天地の祭祀を行った。

　即ち、中国の郡県支配体制から脱却した後に、九州の国々を逆に属国とする自立の意図を当初から有していたとみられる。

　所要日数の妥当性を調べるため、平安時代中期成立の延喜式（927年）主計寮上にある瀬戸内海路の所要日数をみると、長門から備前まで14日、備前から平安京まで９日となっているが、これには往路説と往復路説がある。

　不弥国から備前津島の投馬国まで水行20日、投馬国から近江の邪馬台国まで水行10日という日数は、往復路とみれば延喜式と概ね合っている。

　また、投馬国から邪馬台国まで陸行１月という日数は、街道の整備や川の渡し舟が整備されていない時代の往復路とみれば理解できる。

　末盧国までは海路だが、その先の不弥国までは方角と里程だけなので陸路をとり、潮流の激しい関門海峡は避けて豊前海に面した企救半島から海路をとったとみられる。

　不弥国とはこの半島にあった国で、玉作工房の遺跡が出土した城野遺跡（北九州市小倉南区）と関係があるだろう。

　なぜなら、『魏志』倭人伝はこの国の長官を「多摸」と記しており、玉の卑賤文字でタマと読み、玉作工房を支配した派遣役人ととれる。

　したがって、この道程が山陰の日本海ではなく瀬戸内海を航路とした後期邪馬台国の時代であったことがわかる。

# 8章　濃尾平野の高所塚墓

## 1．濃尾平野の弥生後期遺跡

　近江の野洲川下流域が弥生遺跡の銀座というのであれば、濃尾平野には2つの銀座がある。

　濃尾平野を流れる木曽川・長良川・揖斐川が谷間から平野に出た標高が6、7mの扇状地の末端周辺は一大湧水地帯で、弥生後期の遺跡が目白押しである。


### (1)　美濃

　これらの地域では、弥生中期後葉に南海トラフ大地震・大津波の被害を受け、住民がいなくなった所に、西日本から移住が盛んに行われたであろう。

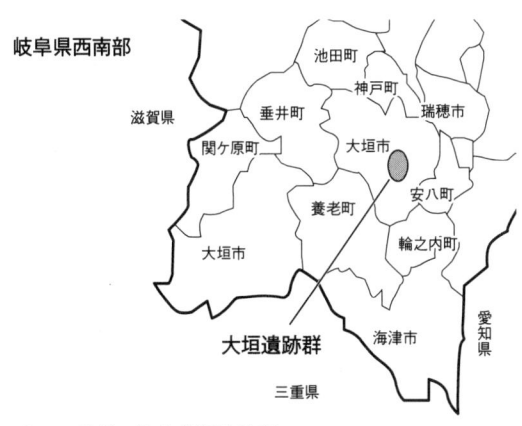

図8-1　美濃の弥生後期遺跡群

　美濃でいえば今宿・荒尾南・檜・東町田の大垣遺跡群（岐阜県大垣市）で、中でも東海では最大の集落遺跡とされる荒尾南が注目される。

　その方形周溝墓

の溝から出土した壺には、82本の櫂を持つ大型船の線刻画が出土し大きな話題となった。

　銅鐸や土器に描かれた櫂で舟を漕ぐ図について、一般には祭りの風景だとか、南方から倭国に来た先祖の姿を描いたなどの誤解がみられる。

　古墳時代の木棺の中に舟形をしたものがみられるように、これらの絵図は舟を使って首長の霊魂を天に送るという葬送の儀式を描いたものである。

　ただし、川や湖を渡った所にある墓地まで、木棺を舟に載せて運ぶことがあったとしても、壺に書かれた大型舟は想像上のものでしかない。

## (2)　尾張

　尾張とは古事記にある尾羽張（お　は　ばり）からきたとみられ、飛ぶ鳥の尾羽のように広がる扇状地を表した言葉である。

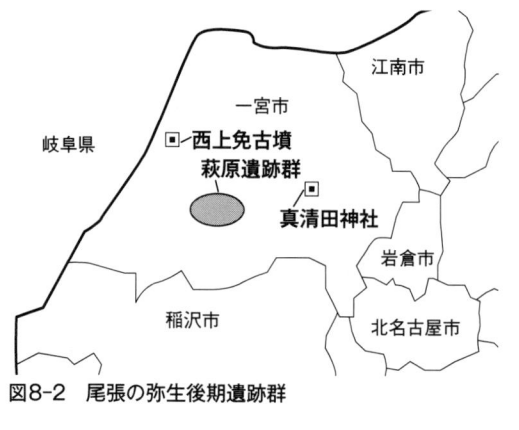

図8-2　尾張の弥生後期遺跡群

弥生後期の集落は低地から高地に移動し、大湧水地帯であった八王子・北川田・山中などの遺跡がある萩原遺跡群（愛知県一宮市）に多くの移住があった

のは、美濃と同じ理由によるものであり、その時期は弥生後期前葉であった。

この一大遺跡地帯には、集落と墓域の遺構が数多くあり、その大半は未調査とされる。

それとは反対に、後期になって急速に衰えた弥生前期以来の巨大な環溝集落が東南方向にある。より低地の標高４ｍ弱にあった朝日遺跡（愛知県清須市・名古屋市）である。

衰えた原因は、これまで洪水によるといわれてきたが、実際には前１世紀後葉にあった南海トラフ大地震・大津波による影響が大きかったとみられる。

遺跡からわかった観点を基に、萩原遺跡群を再検討してみると、その住民は長く尾張に住んでいた者と西方から移住してきた者の混住地域となった。

そのとき、王となって地域の指導者になったのは、新文化を持ってきた移住民の方であり、当然のことながらそれまでの銅鐸祭祀を捨て、刀剣や銅鏡祭祀に移行したとみられる。

ところが、２世紀後葉に大きな気候変動があって大地震が連続して起きたとき、旧住民は一斉に蜂起して王や新住民を襲う事態となり倭国大乱が起きた。

これらの遺跡の中で私が特に注目したのは、当時の市場とみられる八王子遺跡であり、東北地方の後期古墳時代〜飛鳥時代の市場遺跡が参考となる。

こうした遺跡では既存の大集落の中、あるいは隣接地に環溝

を有する市場が突如として出現し、その中に大勢の人が集まる広場と大きな井戸か湧水地を必ず伴っていた。

　その近くにある掘立柱建物・大型建物・竪穴住居は、塩や米など商品の保管場所、雨天用建物、市場の管理者の住居などである。

　八王子遺跡では、持ち込まれた商品とみられる土器や木製道具が、周辺にたくさんあったということは、突発的な大地震があって皆逃げてしまったとみられることから、その時期は2世紀後葉の倭国大乱のときであろう。

## 2．瑞龍寺山頂墓

### ⑴　類例のない高所塚墓

　集落には墓域が付きもので、一般の墓は弥生前期以来の周溝墓であるが、狗奴国が成立して間もない頃の2世紀前半とされる西上免古墳（愛知県一宮市）は王墓とみられるもので、全長40.5mの大型で平地に盛土を高くした前方後方形の墳丘墓である。

　しかし、集落に近い平地ではなく、標高が100m以上の山稜山頂に

図8-3　瑞龍寺山頂墓所在地

造られた高所塚墓が突然出現し、そうした動きは近江盆地と濃尾平野に限定されるという比類のない造墓形式がみられる。

標高156mの山頂に造られた瑞龍寺山

図8-4　瑞龍寺山頂墓

頂墓（岐阜市）について、赤塚次郎氏は狗奴国の初代王墓の可能性を指摘された。

岐阜市の北東から南西に流れる長良川の左岸に金華山丘陵があり、その南西端に瑞龍寺山がある。JR岐阜駅から北北東に3.5kmの地点である。

この墓は自然の山を利用した典型的な塚墓であり、戦前からこの周辺の塚墓を調査した小川栄一氏によれば、西側の尾根にも5基あったものの遊園地の造成で全て破壊され、南西から南東にかけての尾根には16基があるという。

瑞龍寺山頂の中央に並ぶ岩の右側が第1埋葬地で、左側が第2埋葬地、1977年の調査では突出部付き方形墓とされたが、前方後方形墓とする新しい見方も出され、時期は100年前後とされる。

後漢の内行花文鏡と王莽の新が発行した通貨の貨泉が山中式土器とともに出土した。

## ⑵旭見ヶ池と卑弥

　この山頂墓の東側に、旭見ヶ池町という注目すべき地名がある。

　ヒミとは卑弥呼女王や対立した卑弥弓呼男王、あるいは『魏志』韓伝にある馬韓の卑弥国に使われた言葉と同じとみられ、その意味については様々な見解があるものの、当初私は太陽信仰の観点から「日見」ではないかと思っていた。

　ところが、7、8世紀のヤマト朝廷に抵抗した陸奥国の蝦夷は、宮城県北部から岩手県南部にかけて「日高見」という国をつくっており、北上がその転訛に伴う名称であることは既に指摘した。

　この国の成立は、山道の蝦夷つまり東山道を北上してきた物部氏系探鉱山師の日枝族と鍛冶師の太田族、海道の蝦夷つまり東海道を北上してきた蘇我氏系産鉄遊民の須賀族と鍛冶師の荒族の協力によるものである。

　国名の由来は、蝦夷が遠隔地連絡の手段として灯火・烽火を使い、それを監視する場所を各地に設けていたことからきたもので、実態上からすれば「火高見」の表記が正しいということになる。

　蝦夷と戦ったヤマト朝廷の兵士は、その動きを逐一把握されて思わぬ襲撃を受け、手痛い敗戦となったことが何度かあった。

　こうした戦術は当時の蝦夷が独自に考えたものではなく、彼らの先祖が西日本にいたときから行ってきたもので、弥生後期

におけるヒミとは、灯火・烽火の監視所である「火見」を意味するという説は正しいといえる。

　前期邪馬台国と狗奴国の王は鉄鍛冶王であったとみられ、鉄の資材をいかにして手に入れるかが最大の使命で、それには北九州から始まる灯火連絡網が必要不可欠のものであった。

## 3．前期邪馬台国の支配地

　塚墓群のある金華山丘陵は四方に展望が開け、火見の監視に適した場所となっている。同じ丘陵にある井奈波神社と尾張にある真清田神社（愛知県一宮市）の祭神は、天火明命（饒速日神）であるから物部氏系である。

　このような観点からこの墓地を見直してみると、ここに進出したのは物部氏系探鉱山師の日枝族で、1世紀末葉までは近江を本拠地とする前期邪馬台国が支配し、2世紀初頭から狗奴国の支配に変わった。

　この山頂墓の被葬者はこの地域の首長ではなく、北九州→山陰→北近畿→西東海に至る灯火連絡網があって、ここに最終地点の火見監視所があり、その責任者であったということになる。

　高御産巣日神（高木神）という神を戴き、天孫族の異名を有する彼らの墓地が、国の王より一段と高い場所に造られたのは、その職業からして当然のことであった。

　小川氏が集めた土器の中に、明治42年に瑞龍寺山頂墓から出土した加耶式 直口壺を譲り受けたとの記録がある。高さ

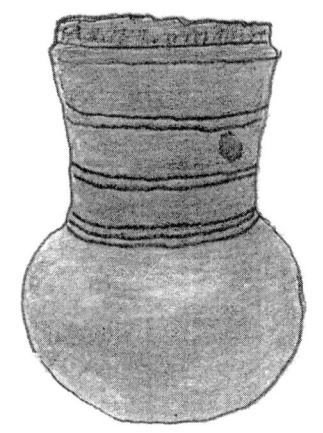

**図8-5　加耶式直口壺**
　　　　（小川コレクション模写図）

19.5cm・胴径15cmの日本では出土例が少ない黒色の壺である。

　出土を証明する確実なものはないものの、これが正しいとすれば、物部氏系日枝族は弁韓（加耶）からの渡来人とみることができる。

　さらに、同氏は戦国時代に岐阜城が金華山に造られたとき、多くの塚墓が破壊された可能性についても言及していることからみて、この丘陵一帯には日枝族の墓が数多くあったのではないだろうか。

# 9章　狗奴国の上円下方壇

## 1．象鼻山塚墓群の全容

　1996年から2007年にかけて調査が行われた象鼻山塚墓群は、岐阜県西南部の南宮山丘陵南端の標高が142mにある遺跡であり、眺望が優れていることから火見の監視所があったとみた。

　72基の古墳は典型的な塚墓で、2世紀から7世紀にかけて造られたとされ、その多くは2世紀後葉と5世紀後葉に分かれるというが、最も古いものは2世紀中葉の築造とされる上円下方形の3号壇でこれは塚墓ではない。

　通常、首長の墓地群であれば特定時期に集中して造られることはないはずだが、何らかの理由で多くの者が一度に死んだことによるものであろうか。

　2世紀後葉は倭国大乱であり、5世紀後葉は反抗する各地の豪族を倒した雄略帝の時代で、474年伊勢

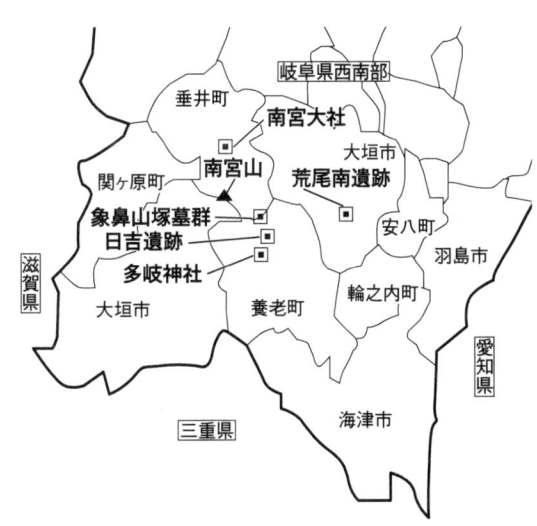

図9-1　象鼻山塚墓群所在地

に勢力を有していたと
される朝日郎（あさけのいらつこ）と物部軍
が伊賀で激戦となった
ことが考えられる。

図9-2　象鼻山

## ２．象鼻山１号墓

　赤塚次郎氏は、１号墓を卑弥呼と対立した狗奴国の卑弥弓呼男王の墓とみている。

　なお、その南側ある日吉遺跡は日枝族のものとみられ、塚墓群を造った人々の集落でもあり、当時の牧田川の川岸から多くの土器が出土し、洪水と干ばつの防止を祈願する水辺の祭祀を行なっていたことがわかっている。

　○１号墓の概要

　　３世紀中葉

　　全長40mの前方後方形塚墓

　　副葬品：琴柱形（ことじがた）石製品３個

　　　　　　鉄剣５本・鉄刀２本・鉄槍１本

　　　　　　鉄鏃53本

　　　　　　双鳳紋鏡（そうほうもんきょう）１面・丹入壺（にいりつぼ）１個

　　　　　　出雲ないし吉備形小型器台１個

### 畿内形高坏1個・東海形S字甕1個

　これらの出土物をみると、多くの重要な情報を含んでいることがわかった。

　①琴柱形石製品は王者の印であり、3個の保持は3カ国を支配していたとみられるもので、美濃・尾張・伊勢であったと想定される。

　②古墳に多くの鉄刀剣類を埋納した例は、和邇氏の古墳と想定される4世紀後葉の東大寺山古墳（鉄刀剣29本、奈良県天理市）、蝦夷の須賀公古麻比留の古墳と想定される8世紀の房の沢古墳（鉄刀剣43本、岩手県山田町）がある。前者は刀剣の根元に丸い孔を開けて柄をはめ込み、目釘で抑える加工を特技とし、後者は三陸の諸河川を押さえ王として刀剣祭祀に用いた。

　③刀剣祭祀を行っていたのは、蘇我氏系須賀族であり、祖先神は高麗系の須佐之男命である。

　④須賀族は、湿地帯や河川にある餅鉄・砂鉄・褐鉄鉱の採集を得意とする産鉄遊民で、鍛冶師荒族と一体であった。彼らは東海道から陸奥の浜通り、さらに三陸沿岸を北上したことから海道の蝦夷といわれ、その居住地には荒ぶる神からきた荒・須佐の付く地名、須賀の付く地名、須佐之男命を祀る天王社などが残る。

　⑤双鳳紋鏡は1対の鳳凰が描かれた後漢鏡で、36片に破砕

されていた。2世紀前後中国華北で製作されたものといわれ、日本で出土した中では最も古いもので、須賀族と荒族を率いた鉄鍛冶王に相応しい貴重な鏡である。

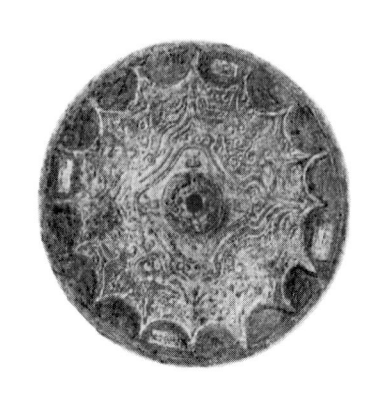

図9-3　双鳳紋鏡（養老町教育委員会資料の模写図）

⑥前述のとおり須・勢・蘇を朝鮮語で発音すればス・セ・ソの中間音（子音）で同音となり、須賀と蘇我は同音同語である。須賀族の宗家は蘇我氏であり、蘇我蝦夷という名は蝦夷の須賀族・荒族を牛耳っていたことによる。

⑦丹入壺の丹は硫化水銀の赤色顔料で、シャーマンの王が支配地内の住民に、魔除けのため顔に塗ったものである。

これらの点と『記紀』にある須佐之男命神話を合わせてみれば、1号墓の被葬者の王宮は、東海地方で最大の集落遺跡とされる荒尾南遺跡にあって、狗奴国の卑弥弓呼男王である可能性は高いとみなければならない。

なお、狗奴国の狗奴の本来の読みはカヌで、カが川、ヌは湿地帯の渟を表し、川や湿地帯が多い所という意味にみた。

例によって漢人はこれに卑賤文字を充て、狗奴に置き換えている。しかも、狗は弁韓にあった狗邪韓国の狗で、奴は奴国の奴とみられることからすれば、鉄鍛冶王が狗邪（加耶）から渡

来して奴国から東遷したことを表したと解される。

初代狗奴国王は奴国から東遷した鉄鍛冶王（神武帝）であるが、日本書紀によれば神武帝の実名は彦火火出見とある。

ところが、卑弥弓呼男王の名前はヒミヒコ（火見彦）なので、文字順は逆だが意味からすると神武帝の実名と変わらない。これは偶然になったとは思えない。

神武帝は長命であったとしても、卑弥呼の時代まで生きているはずもなく、鉄鍛冶王は代々「火見の王」なので、歴代同じ王号を名乗ったとみられる。

## 3．上円下方形の３号壇

### (1)　上円下方墳との類似性

古墳群の中で特に注目される３号壇は上円下方形という特異な形をしており、墓地ではないことから謎の多い遺跡とされている。

前著『邪馬壹国からヤマト国へ』（サンライズ出版）で指摘したように、この地は本州のほぼ中央に位置する場所、つまり西の長門（山口県）から東の上総（千

図9-4　上円下方形の象鼻山３号壇

葉県）に至る距離のほぼ中間にあることを築造者は把握していた。

　そのため、遠隔地に風水師を派遣して踏破により方位を定め、距離を測るあるいは天文観測を行うなどしていた可能性が高いことから、この祭壇は鍛冶族が造ったものではないだろう。

　一つの見方として、濃尾平野では吉備・讃岐と共通する墨書人面土器が出土しており、美濃一宮である南宮大社（岐阜県垂井町）は吉備と関係があることから、鉱山の神である金山彦神を祀る探鉱山師の南宮族が関係していた可能性である。

　だが、産鉄遊民である蘇我氏系須賀族が造ったとみれば、高麗系の鉄鍛冶王であった卑弥弓呼男王がこの地で祭祀を行うのは当然のことであった。

　飛鳥・奈良時代に造られた次の上円下方墳は、同時代に渡来した高麗（高句麗人）よるもので、上円下方墳の製作者を傍証しているとみられる。

　①東京都三鷹市の天文台構内古墳（7世紀中葉）

　②東京都府中市の熊野神社古墳（7世紀中葉〜後葉）

　③埼玉県川越市山王塚古墳（7世紀後葉）

　④京都府木津川市のカラト古墳（8世紀初頭前後）

　⑤福島県白河市の野地久保古墳（8世紀初頭前後）

　⑥静岡県沼津市の清水柳北1号墳（8世紀初頭）

　⑦埼玉県熊谷市の宮塚古墳（時期未定）

## ⑵　設置目的

　設置時期は伊勢遺跡より後で、倭国大乱の前とされるが、天円地方を模したとみれば中国の天壇・地壇を参考にし、狗奴国が前期邪馬台国の伊勢遺跡に対抗するため、天地の祭祀を行っていたとみた。

　その目的は、天文を観測して夏至と冬至の祀りを行い、その到来を支配地内の住民や連合加入国に知らせていたとみるのが自然である。

　なお、『漢書』王莽伝によれば、前漢末期のころ中国西部の陝西省において、天地を表す円丘方丘形の白い石に、「王莽を皇帝にすべし」と朱書されたものが見つかったとあり、これに乗じて王莽が新を建て、皇帝に即位したことを知っていたとも考えられる。


## ４. 上円下方壇と円丘方丘

### ⑴　円丘方丘の祀り

『晋書』帝紀によれば、泰始２年（266年）11月「倭人が来て貢物を献上した。円丘方丘に２郊を設け、２至の祀りをここに合わせて行っている」とある。

㊟倭人は冬至と夏至に盛大な祀りを行っていたことが知られており、『魏略』によれば夏至で１歳、冬至で２歳、即ち今の１年で２歳年をとると数えていたとあり、『記紀』にある年齢や天皇の統治年は、このことを念頭に入れて解する必要がある。
　また、『梁書』倭国伝・『北史』倭国伝によれば、晋初代武帝（在位

265〜290年）に朝貢した倭国の女王と男王が、並んで爵位を与えられたとある。

　3世紀中葉の円丘方丘とは、他に類例のない象鼻山3号壇（上円下方壇）のことで、同壇にみられる南溝・北溝は、天子が天地の祭祀を行う2郊（南郊・北郊）に倣い、朝貢の前に新しく掘ったものであった。

　このとき、両連合が合同で朝貢をすることが可能となったのは、象鼻山1号墓の被葬者である強硬派の卑弥弓呼男王が、対立していた後期邪馬台国の壱與女王と和解したことにあるのだろう。

　こうした倭国の歴史を振り返れば、北九州における伊都国と奴国によるライバル関係の並立は、前1世紀における前漢への朝貢から、3世紀中葉の晋への朝貢まで確実に続いていたことになる。

　その後、後葉に壱與女王が亡くなって後期邪馬台国が滅び、狗奴国は開化帝の国譲りによって解体となり、崇神帝がヤマト国を建て、統一連合を発足させたとみえる。

## ⑵　欠史8代の真相

『記紀』の書きぶりからみると、天皇とは政事を担う弟王（男弟王）のことで、神事を担う兄王（大王）のことではないとし、中国の史書とは一致しない。

　『記紀』の編者が天武帝に配慮した結果、このような記述になっ

たもので、実際には中国の史書と同じで、神事の兄王を天皇としたことがうかがえる。

　3世紀後葉と目されるヤマト国統一連合の創始者は崇神帝であるが、統一前の天皇即ち9代開化帝以前は男系であるから、狗奴国の男王を指しているとみざるを得ない。

　ところが、『記紀』によれば9代までの天皇の王宮は大和にあったとされ、開化帝の場合は奈良市の率川宮であって美濃ではない。

　また、日本書紀にある倭迹迹日百襲姫命は、開化帝の妹宮となっているが、シャーマンとみられる叔母のために、崇神帝が巨大な前方後円墳の先駆けとなる箸墓古墳を造ったというのも理解のできないことである。

　これらのことは、『記紀』が神武帝紀に多くの神話を盛り込み、2～9代を欠史としたことに深く関係し、倭国ひいては邪馬台国や狗奴国が本州にあってならないこと、また当時の政権にとって不都合なことを避けるため、事実とは異なることを盛り込んだことによるとみざるを得ない。

# 10章　後期邪馬台国の王宮と墓地

## １．王宮と墓地の想定条件

　伊勢遺跡が前期邪馬台国の祭祀施設であるなら、後期邪馬台国の女王に共立された卑弥呼の王宮と墓地はどこにあるのか、陰陽五行思想に従って探ってみよう。

　①太陽が昇る琵琶湖東岸側は陽地であって生者の世界、沈む西岸側は陰地であって死者の世界とみられ、王宮は陰陽のバランスを保つためその中間地に置くことが理想とされる。だが、実際上は様々な地象の制約があるので、中間に近い所が選定されたとみる。

　②東西の方位を正しく把握するには、春分・秋分の日に太陽が昇る所と沈む所を確認する必要があり、その地に目立った山のある所が理想的となる。

　③王宮は伊勢遺跡の材料を解体して利用したとみられ、ここからそれほど遠くない場所にある。

　④墓地は太陽が沈む琵琶湖西岸側で、火見の監視所があった比叡山の近江側にある。

## ２．墓地の形状

　発掘をしないで見当をつけるとなれば、上記④の条件による墓地の方が取り組みやすいことは明らかで、『魏志』倭人伝の

記述を参考にできる。

　さらに、古事記神代編にある天照大御神と須佐之男命の激しい対立と闘争の神話は、後期邪馬台国の卑弥呼女王と狗奴国の卑弥弓呼男王の対立関係を題材にしたとみる識者が多いのは、妥当なものである。

　中でも、天照大御神が天石屋戸（あめのいわやと）に隠れて暗闇となった話は、古来神楽舞の名場面となってきた。この物語に関する私の解釈は、卑弥呼が闘争中に亡くなって石屋戸のある墓地に埋葬され、その魂を天に送って蘇りを願うため、墓前に大勢の人が集まって賑やかに舞い踊ったとみるものである。

　したがって、これらの情報をまとめてみると、墓地の形状は次のようになる。

①径100余歩

　魏の規準で1歩は6尺、1尺は24cmなので、直径150m弱の円形となる。

②塚墓

　中国では墳墓と塚墓を区別していたことから平地か丘陵地に盛り土をした墳丘墓ではなく、丘陵地か山稜地を削って整えた塚墓である。

③殉死者が100余人

　殉死者16人が認められた伊都国の平原1号墓の例からみて、主体埋葬地である塚墓に隣接する低い所に直立状態で生き埋めとした。

④石屋戸

墓地の周辺に大きな岩がある。

## 3．墓地の検討

663年の白村江における敗戦後、倭国にあった邪馬台国の遺跡が、九州ではなく本州にあることを唐が知れば、講和交渉におけるヤマトの主張は崩れてしまう。

図10-1　八王子山の地形図

そのため、天智帝による近江ヤマト政権により、取り壊しはしないまでも、何らかの改変がなされたのではないかとの不安もあった。

が、とにもかくにも上記条件を勘案しながら、地形図にある比叡山の峰々を、片端から探してみることとした。

すると、これを充たす唯一の峰が、日吉大社の奥宮がある八王子山（標高381m）であ

図10-2　金大巌から見た琵琶湖

ることがわかった。

　因みに八王子という名の由来をみると、仏教から生まれたもので、過去の世にいた２万人の日月灯明<ruby>仏<rt>みょうぶつ</rt></ruby>の最後仏は、出家前に８人の王子

図10-3　金大巌

をもうけていたとする教えが法華経にある。

　これが平安時代の神仏融合により、その８人とは『記紀』神話の天照大御神と須佐之男命が天安河で<ruby>誓約<rt>うけい</rt></ruby>をして神力を競い合ったとき、天照大御神が生んだ３女神と須佐之男命が生んだ５男神がそれにあたるとされた。

　したがって、八王子とは卑弥呼の時代に付されたものでないことは明らかで、仏教と神道の融合を図った天台宗が名づけたとみられる。

　ただし、『記紀』が完成して約200年経ったとき、こうした解釈ができたということは、卑弥呼の墓との伝承があったことによるものではないだろうか。

　石段を上って右方にある<ruby>牛尾宮<rt>うしお</rt></ruby>は、日吉大社東宮の奥宮で祭神は大山咋神だが、平原１号墓の東南に大山咋が建てられていたように、山頂の東にあたるこの辺りに、同様の大きな木柱が立てられていたのだろう。

　石段の左方にある三宮は樹下神社の奥宮で、祭神は鴨玉依姫神である。玉作族に属した卑弥呼に直接関係があるとみられ、鴨とは神の転訛した尊称であって、創建は崇神紀7年という伝承がある。

　2棟の奥宮の間に石段があり、それを上り切った上に金大巌とか鏡岩といわれる10mもの大岩がある。天照神話に出てくる天石屋戸、俗にいう天岩戸にあたるとみられるもので、この大岩の後ろが八王子山の頂上である。

　比叡山の麓にある坂本は天台宗の創始者である伝教大師最澄の生まれ故郷だが、9世紀の桓武帝の時代に寺院が設置され、平安京北東の守護神とされた日吉大社は、天台宗の本山である比叡山と一体であった。

　荒法師が都に繰り出した神輿は日吉大社のものであり、守護神がなぜ荒れるのか、朝廷がなぜそれを恐れたのか、その秘密は八王子山にあったとみなければならない。

　だが、織田信長による焼き討ちにより、寺院や大社は全てが灰塵に帰して住人は皆殺しとなり、伝承は途絶えた。その後、豊臣秀吉と徳川幕府によって再興され、

図10-4　八王子山の主峰（西→東）

２棟の奥宮は元禄時代に建てられたものである。

　山頂までさらに登ってみると、主峰の頂上付近は円形のドーム状になっており、中央部は貼り石ないしは葺き石とみられる石で覆われているので、この山が自然の状態ではなく手をかけて整備した円形の塚墓であることを示唆している。

　地形図によって大きさを確かめると、標高350mの線を塚墓の基壇とみれば、直径約150mの大きさとなる。

　なお、弥生中期後葉の梅田萱峰墳丘墓（鳥取県大山町）、後期後葉の西谷３号墳丘墓、後期末葉の平原１号墓では、墓丘の頂上に建物のあったことが知られている。

　八王子山の頂上にある直径が10m程度の円形状に敷かれた葺き石の上にも、建物があった可能性が高く、中央には登山者が葺き石を拾って積み上げたケルンがある。

図10-5　主峰のケルン

　主峰を少し下ってから北西にある副峰に至る道は、幅１m長さ40mほどの細い尾根道で、両側の下方は深い谷となっておりせせらぎの音が聞こえる。緩やかに上る尾根道を行くと間もなく副峰の頂上に至る。

図10-6　尾根道

図10-7　副峰（西→東）

　標高350mを基壇とみれば70×100mの平行四辺形状になっており、ここまでが日吉大社の所有、その先は急傾斜の下り坂で延暦寺所有の境界標識がある。

　卑弥呼の墓で注目されるのは殉死者が100余人もいたことであり、平原１号墓の場合16人の殉死者は隣接する２基の円墳に立ったままの姿勢で埋められていたことから、副峰一帯も墓地の一部であって、殉葬者はこの周辺一帯に生き埋めされたのではないかと想定される。

　こうした観点から八王子山の全体をみたとき、その形状はやや変形ではあるが、前方後円墳に極めて類似する形となっている。

　だが、主峰と副峰は別の塚墓とみれば、主峰は円形であるから、『魏志』倭人伝の記述と一致している。


## ４．隠された邪馬台国の遺蹟

　八王子山が卑弥呼の塚墓であるとすれば、この聖地は後期邪

馬台国の滅亡に伴い、ヤマト国とその統一連合が発足したとき、連合王になったとみられる崇神帝が祭祀を行い、魏が授けた金印などの遺物は、日吉大社が神宝として大事に保管していたに違いない。

しかし、今ではこの地に天皇家が関与していないばかりか、放棄された現状となっているのはなぜなのか、いつそうなったのか解明が必要となる。

そのカギは先にも触れたが、中大兄皇子と藤原鎌足が主役であった7世紀の近江ヤマト政権が握っているとみられた。

即ち、663年白村江の海戦で大敗したヤマトは、勢いに乗じて唐水軍が侵攻してくるのではないかという窮地に立たされ、戦いを避ける打開策を打ち出す必要に迫られている。

詳細は次章で取り上げるが、朝鮮に軍を派遣した倭国は九州にある国で、本州にあるヤマト（日本）国とは別の国であるとしたヤマトの主張は、起死回生の策になった可能性がある。

その結果、卑弥呼の墓地など近江にある邪馬台国の遺蹟は唐に知られることのないよう、急いで対策を打つ必要があった。

『記紀』にある邪馬台国の関連記事は、このことを念頭に置いて解釈しなければ、実相を見出すことはできないというのが私の見方である。

## 5．箸墓古墳の伝説

卑弥呼ないしは壱与の墓説がある箸墓古墳だが、その論者は

邪馬台国が大和にあったことを前提とし、想定される造墓年代を意図的に遡及させ、つじつまを合わせようとしている。

しかし、私は邪馬台国近江説を採っているものの、箸墓古墳は2人の女王に関係があるとみているので、その実像を探求してみよう。


### (1) 大物主神と物部氏の関係

大物主神（おおものぬし）は、『記紀』の神武紀と崇神紀に登場する大和国の守護神で、火を使う鍛冶族が信仰していた出雲系の雷神とされ、豊作をもたすら水神（稲作地帯では蛇神）でもあって、ヤマト国が大和で発足する前から三輪山（みわやま）に祀られていた神とされてきた。

であれば、唐古鍵遺跡（からこかぎ）（奈良県田原本町）が栄えていた弥生中期の時代、出雲系鍛冶族がこの地に進出していたことになる。その祟りを恐れた崇神帝が、祭主の子孫にあたる大田田根子を探し当てて祭祀を復活した。

だが、先述のとおり大田という姓は物部氏系鍛冶師であった太田族に関係しており、この神は出雲系鍛冶師である荒族のものではなく、石見・因幡系鍛冶師のものである。

オオヤマト古墳群のある三輪山の西麓一帯に太田という地名があり、大物主神の「物」は物部氏の「物」とみられ、崇神帝が物部氏系であった可能性が高いことをみれば、その神を崇めたのは当然のことであった。

『記紀』によれば、崇神帝以前の天皇も大和にいたとあり、大物主神は天皇家の存在を既に認めていたことになるので、崇神帝がその祟りを恐れる必要はなかったであろう。

しかも、既述のとおり崇神帝がヤマト国を建てる前の時代は2朝並立であるから、天皇家が倭国を統一していなかったことが明らかとなった。

『記紀』のこうした自己矛盾は、9代までの天皇が大和には居なかったことを示唆するもので、居たのは濃尾平野にあった狗奴国であったとみるべきである。

3世紀後葉の頃とみられる纒向遺跡（奈良県桜井市）には多くの外来系土器があり、遠方からそれが運ばれてきたとは考えられず、遠方の土師が大和に移住してきたことがうかがえた。中でも、突出して多いのが東海系であり、東海から移住した有力者が多かったことを裏付けている。

## (2)　大物主神の妻

箸墓古墳に関係する『記紀』伝説は、大物主神の神婚譚であるが、これは何をいおうとしたものか。

①『記紀』の崇神紀に登場する活玉依姫神の「活」とは神の尊称であるから、近江八王子山三宮の祭神である鴨玉依姫神と同系もしくは同神とみられ、大物主神の妻である。

②日本書紀崇神紀10年の条に武埴安彦王の反乱鎮圧に加え、倭迹迹日百襲姫命が大物主神と結婚して死に至ったとあり、

　同神は二人目の妻を迎えたことになっている。

　男神の雷神である大物主神と死後に結婚ができるのは、生前に巫女としてこの神に仕えた者に限られることからすれば、この話は次のように解される。

　①の大物主神の妻である活玉依姫神とは、物部氏系玉作族の巫女であった壱與女王の化身とみられ、3世紀末葉の頃箸墓古墳が完成し、本埋葬をして神の世界に送ったことをなぞらえた（11章参照）。

　②の大物主神の後妻となった倭迹迹日百襲姫命とは、卑弥呼女王の化身とみられ、7世紀に八王子山にあった卑弥呼の墓地を改葬して箸墓古墳に合葬し、神の世界に送ったことをなぞらえた。

　なお、倭迹迹日百襲姫命の「倭」は、ヤマトと読ませる場合もあるが、ワと読めば倭国に関連しているとわかる。「迹迹」はトトと読み鳥のことであるというのが通説だが、古語でいう鳥は単にトであってトトではない。ややこしいことに飛ぶこともトと表現していたので、「迹迹」といえば鳥が飛ぶという意味になる。「日」はヒと読み飛ぶことであるというのが通説だが、鳥が飛ぶは「迹迹」で済んでいることなので、この意味は別にあるとみなければならない。

　古語で烽火はトブヒと言っていたので、灯火・烽火による火

のことと解され、併せてみれば飛ぶ鳥のように灯火台から灯火台へと素早く情報を連絡していたという意味になる。

「百襲」はモモソと読み、百と十を表すという通説に間違いはない。この数字は何を意味しているのだろうか。

先に指摘したように、当時の倭人は夏至〜冬至で1歳、冬至〜夏至で1歳年を取ると数えていた、つまり今の1年で2歳年を取ると数えていた。

卑弥呼の在位は185年頃から247年までなので、倭人式に数えれば120歳余となるので、卑弥呼を合葬したことによる贈り名と解される。

### (3)　卑弥呼の墓の改葬と合葬

近江ヤマト政権が卑弥呼の墓を改葬し、箸墓古墳に合葬した時期は、中大兄皇子が都を近江に遷した翌668年で、それまでの称制から正式に天皇即位を行ったときと推定された。

朝廷はこのとき日吉大社西宮を建立し、大穴牟遅神を祀って都の守護神としており、多くの人々の反対を押し切って遷都を強行したのは、改葬と合葬を行うことにあったといっても過言ではないだろう。

大穴牟遅神とは出雲系の鍛冶神説、あるいは医療神説もあるが、『魏志』高句麗伝によれば10月の収穫大祭は、東方の大穴に置かれた木造の水神を迎えて行われるとあり、農業に欠かせない水神のこととみた。

『記紀』によれば大穴牟遅神・大物主神・大国主神は同一神としているので、大和三輪山（御諸山）の主である大物主神と八王子山の主となった大穴牟遅神は同一神となる。

3神は持ち分野が異なるものの、国家形成に尽力した点では共通性があるとする『記紀』独自の思想観によるものであった。

こうした思想からみれば、国家形成に尽力した邪馬台国と狗奴国の王はもちろんのこと、諸国の王や神々も統一ヤマトに繋がっていて当然ということにもなる。

## 6. 卑弥呼の王宮所在地

近江八王子山が卑弥呼の墓地だとすれば、春分・秋分のとき太陽は真東にある鏡山（標高384m）の方向から昇って八王子山の方向に沈むので、東西バランスを用いた陰陽五行思想からみれば、2つの山を結ぶ線上のどこかに王宮があったはずである。

鏡山には竜王山という別名があり、東方には青龍という守護神、つまり水神がいるとする道教の前提からみて、龍神が暴れて洪水を起こすことのないよう、また活動が弱すぎて干ばつになることのないよう、この山のどこかで水神の祀りが行われていたのではないだろうか。

すると、王宮所在の可能性が高いところといえば、玉作工房が出土した市三宅遺跡（野洲市）の周辺と重なり、天照大御神が玉作を得意としていることからすれば、卑弥呼は玉作族出身

の巫女であったこととぴたり合う。

　ただし、当時の野洲川本流が伊勢遺跡の東側を流れていたとなれば、大洪水によって埋まった、しかも今の野洲川の下にある可能性が高いとみられる。

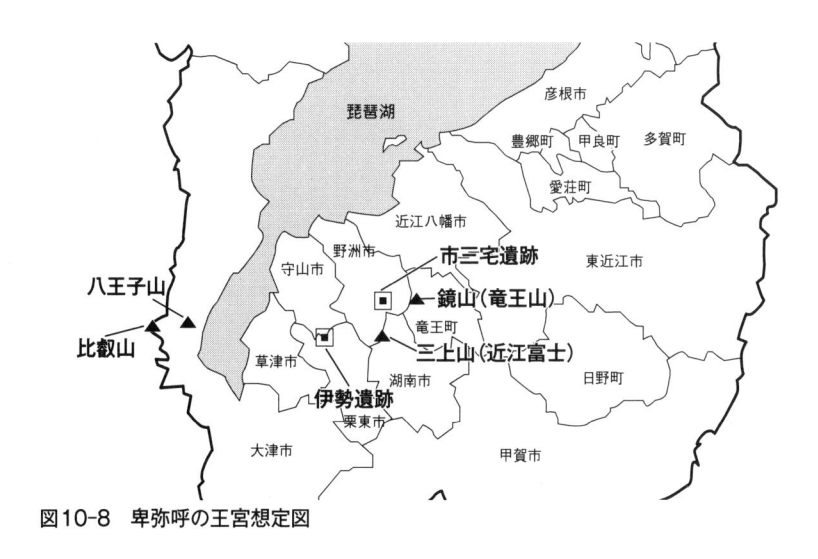

図10-8　卑弥呼の王宮想定図

# 11章　ヤマト国の建国

## 1．連合並立から統一へ

### (1)　後期邪馬台国の終焉

『魏志』倭人伝によれば、247年に卑弥呼が亡くなり、後期邪馬台国は後継者に男王を立てたところ攻伐争乱が起き、卑弥呼と同族であった13歳の壱与を女王に立てて治まったとある。

王が新しく選任されたとき、前任者である卑弥呼の墓前で王権を引き継ぐ盛大な儀式が行われ、その後関係者が祝いの宴会を行うしきたりだが、攻伐争乱が起きたのは、長年にわたる対立から男王がそれを拒否したのではないだろうか。

壱与が女王となった時期は249年頃で、先に立った男王が前期邪馬台国の鉄鍛冶王系とみられ、壱与は卑弥呼と同じ玉作族の出身であった。

当時の玉は円球の天空を摸したものとして珍重され、その原材料は滑石・水晶から、より透明感のあるガラスに移行していた時期である。

弥生中期の玉作は、主として農閑期に女子・子供が担っていた仕事とみられ、近江は一大生産地となっていた。

だが、後期になると玉作工房ができ、製作工程が分業化されて専門の工人が従事し、鉄錐を使うので鍛冶師との連携が欠かせないものとなっている。

　3世紀後葉になると、晋は西方や北方から侵攻してきた諸民族の対策に追われ、朝鮮の楽浪郡・帯方郡の統治に手が回らない状態となった。

　略奪国家の高句麗がそれを見逃すはずもなく、楽浪郡・帯方郡は本国との連絡路が断ち切られ、その存続は風前の灯火となっている。

　郡の武力に頼ってきた中国商人は、三韓と倭国の交易から撤退を余儀なくされたとき、後期邪馬台国連合の工房・舟師・市場は仕事が減少して景気が悪化し、壱與女王の死去に伴って270年に終焉を迎えた。


## (2)　狗奴国の国譲り

　中国商人の撤退により、交易が縮小して景気が悪化したのは、狗奴国とその連合加入国も同様である。

　その上2章でみたように、関門海峡の利用が可能となったことに伴い、主要な交易ルートが日本海沿岸から瀬戸内海に移行したことが決定的な打撃となり、連合王の責任問題が浮上した。

　このことは、古事記の神代編にある葦原中国の騒動として描かれている。

　天照大御神はその騒動を収めるため、神々を高天原（たかまがはら）から派遣したが成功せず、力の強い常陸鹿島神宮（茨城県鹿嶋市）の祭神である建御雷神（たけみかづち）を送ったところ、出雲の大国主神は国譲りに応じた。

　神話を現実に戻してみれば、高麗系の鉄鍛冶王であった狗奴国王が同系の出雲国王に相談し、その決断に従って王権をヤマト国に譲ったとなり、常陸の建御雷神が関わった部分は、創作加上とみられる。

　なぜなら、狗奴国から派遣されていた鍛冶師荒族と産鉄遊民須賀族が、建御雷神を常陸に祀ったのは後代のことであり、この部分は常陸の出身とされる中臣氏（藤原氏）を称えるための加作であろう。

　飛鳥・奈良時代の7、8世紀、ヤマト朝廷に抵抗した海道の蝦夷は鹿島神宮を総本宮と仰ぎ、陸奥国の各地に鹿島神社を勧請して寄進を絶やさなかった。

　ヤマト朝廷はこの関係を断ち切るため、神宮に土地と封戸を与え、ヤマトの神として取り込む荒業を講じている。

　また、神宮では以前からシカを飼い慣らし、フイゴの皮袋として使うため、鍛冶師荒族に分け与えていたが、朝廷はこれを取り上げ奈良の春日大社に移した。

　この措置を境に、蝦夷とヤマト朝廷は774年から「38年の役」といわれる全面戦争に突入し、坂上田村麻呂が征夷大将軍となってやっとこれを平定している。

　話を国譲りに戻すと、建御雷神が葦原中国を平定した後に、天照大御神が送り込んだ神は、天火明命と日子番能邇邇芸命の兄弟神である。

　前述のとおり、天火明命は物部氏系で尾張氏・海部氏の祖先

神であり、日子番能邇邇芸命は伊都国にある細石神社の祭神で
やはり物部氏系であった。

　したがって、狗奴国の王権は物部氏系の崇神帝に譲位され、
倭国は連合の統一に成功したということになるので、狗奴国の
神武帝と違って真のハックニシラススメラミコトとなる。


## ⑶　ヤマト国の建国

　狗奴国が王権をヤマト国に譲位したのは、卑弥弓呼男王が
273年に死去した5年後の278年頃とみられ、物部氏系の王ら
は朝貢交易の破たんを見越し、代替の対策として州子の商人を
陣営に呼び込む対策を講じていた。それが穴門（関門海峡）の
利用であった。

　その時期は、崇神帝が後期邪馬台国の男弟王となる前の260
年頃から、つまり壱與女王の後半期からとなる。

　一方、狗奴国の男王は開化帝が後を継いだとみられ、同帝の
皇后は日本書紀によれば物部氏系の伊香色謎命とあり、出身地
は近江北東部の伊香郡と想定されることから、婚姻成立は狗
奴国と後期邪馬台国の和解を示唆している。

　この地域は物部氏との関わりが深く、カガ・カグ・カゴは「輝
く」の語源で青銅を意味するから、伊香一族は鍛冶師であった。
1章で取り上げた近江の高地塚墓のうち、小松古墳（滋賀県長
浜市）は同時期であるから、被葬者はこの地域の王であり、伊
香皇后の血族者であろう。

　この頃物部氏系の商人である舟師は、縮小していた中国商人との朝貢交易に見切りをつけ、三韓や中国華南と広く交易を行っていた州子（済州島人）の商人を重視した。

　また、狗奴国連合の交易ルートである日本海側に鉄材が回らないようにするため、舟を関門海峡に入れて瀬戸内海を航行させたことから、出雲など狗奴国連合の加入国は、ヤマト国への王権譲位に追い込まれたのであろう。

　4世紀以降の古墳前期に造られた墳墓に、膨大な量の鉄器が埋納されている状況からみて、質量ともにそれまでの交易実績を上回るものであった。

　鍛造鉄器は辰韓・弁韓から、鋳造鉄器は江南から入手し、朝貢交易が自由な交易に代わったとはいうものの、鍛造鉄器の入手については、朝鮮における倭人の武力行使が少なからず必要である。

　こうした努力が実を結び、271年物部氏系の崇神帝を兄王とするヤマト国が、奈良盆地の東南部で発足したものとみた。

## (4)　都の選定

　286年頃崇神帝は九州から関東に至る物部氏系の王らが参加する統一連合を創設し、都の選定にあたっては陰陽五行思想に基づく東西南北のバランスを重要視したことがうかがわれる。

　東西バランスのみを考慮したそれまでの方式は、不十分だから統一に至らなかったことを強く意識し、邪馬台国でも狗奴国

でもないヤマト国を本拠地とする選択をした。

　その目的は、連合を中国のような統一国家とするため、国家の祭祀を次のように改革する必要があるとみたことで、『記紀』では崇神紀だけにあるが、実際にはその前から構想されていたとみざるを得ない。

　①天照大御神（太陽神）を重視したそれまでの方式に、天御中主神（北極星神）を加えることが必要である。

　②陽（昼と政事）と陰（夜と神事）の世界を区別してマツリゴトを行い、四方の神々を祀るため、都を連合の中心地に置く。

　こうした思想は、いわば中華思想のヤマト版といえる。卑弥呼の墓とみられる近江の八王子山を起点に、東経135度51分を真北に上ると若狭に至り、真南に下ると紀伊半島の南端に至るが、そのほぼ中間が大和川上流にある奈良盆地東南部のヤマト国となり、この地は倭国のへそにあたる。

## (5)　古墳政策の導入

　3世紀末葉とみられるヤマト国統一連合の発足は、古墳時代の始まりとなるが、その目玉政策であって統一強化のシンボルともいえる墳墓造りの改革は、どのような考え方から生まれたのであろうか。

　弥生後期の墓地は、単に死者を埋葬するための施設にとどまらず、首長権を前任者から引き継ぐ儀礼祭祀の場、いわば王権

神授という儀礼を行うための施設として重要なものとなっていた。

　そのため、墓地の大きさは大・中・小に分かれ、形状は方形・円形・前方後方形・前方後円形を採用するなど、地域ごと・身分差ごとに異なるものが生じている。

　新政権が考えたであろう統一対策をまとめてみれば、次のようになろう。

①卑弥呼女王の後継者選定に失敗した後期邪馬台国の先例を繰り返さないため、亡くなった壱與女王から王権を引き継ぐ必要がある。

②王権の引継ぎは、女王が崇神帝に差し出す儀式とする必要があり、中国皇帝の陵寝制度に準じたものとするため、女王墓はヤマト国に造る。

　　㊟皇帝が死去したとき新皇帝は墓地の近くに寝殿を建て、そこで喪に服すとともに諸命令を出すのが陵寝制度である。

③女王墓は近江八王子山にある卑弥呼の墓を参考とし、ヤマト国と統一連合の発足にあたり、そのシンボルになり得るものとする。

④中国式に平地に多量の盛土をし、天地の形象を地上に摸した巨大な墳丘墓とする。ただし、女王はヤマト国王より下位であるから、より低地に築造する。

⑤各地域の首長が自由に墳墓を造ることを許さない。彼らの生前における連合への貢献度合いに応じ、墳墓の大きさ・

　形状に格差を付ける。

　こうした革新的な政策の目的は、中国のように国家統一を強固なものとし、大陸の国々に追いつき追い越すことにあったことはいうまでもないであろう。

　なお、旧連合における宗主国の役割は、加入国に対する円滑な交易の調整を主としていたが、新連合におけるヤマト国のそれは、自らも交易を主体的に行う推進役に変化しているといえよう。

## ２．箸墓古墳の築造

### (1)　壱與女王の仮埋葬地

　狗奴国王は生前に王権を崇神帝に差し出す譲位を行い、連合加入国も同意しているので問題はない。

　一方、朝貢交易の破綻によって滅びた後期邪馬台国の壱與女王の場合、生前譲位はなかった。

　そのため、その加入国から王権譲位と統一連合加入の同意を得、女王墓はヤマト国に造って王権を差し出す儀式を行うこととなり、亡骸は近江から大和に運ばれ埋葬をしたはずだが、その地はあくまでも仮の地である。

　本埋葬地である前方後円形墳丘墓の箸墓古墳が完成するには、少なくみても十数年かかると予想され、その時期は280年代となろう。

　仮埋葬地はどこなのか。卑弥呼の墓地とみられる近江の八王

図11-1　檜原神社の位置図

図11-2　檜原神社

子山を起点として真南に下り、奈良盆地を突き進むと三輪山山麓に至る。

　この周辺一帯には、山辺の道に沿って多くの王墓や神社があるものの、注目されるのが元伊勢といわれる檜原神社で、ここが仮埋葬の地とみられる。

　崇神帝が皇女豊鍬入姫命に天照大御神を祀らせたと伝わり、奈良盆地を広く見渡せる場所にあって遠く西方には二上山が見える。


## ⑵　本埋葬地は箸墓古墳

　本埋葬地は、檜原神社から西に向かって下ったところにある箸墓古墳の地に定めたとみられる。

　前王朝から王権を引き継ぐため、陵墓地を新帝の陵墓地付近に変えるという方式は、応神王朝でも同じであった。

　おそらく、大和三輪山王朝の最後は創作された仲哀帝ではなく、近江に遷宮した景行帝であり、その陵墓は近江や大和ではなく、応神王朝の陵墓群がある河内にあるとみられる（12章参照）。

　壱與女王の場合、中国の魏・晋両王朝が認めてきた倭国を代表する後期邪馬台国の女王で、大和は同連合の加入国であったとみられるものの、住民が巨大な墳丘墓の築造に駆り出されることには抵抗があり、軋轢の生じたことが読み取れる。

　その対策として編み出されたのが、奈良盆地における干ばつや洪水対策のため、巨大な溜池を兼ねた墳丘墓造成を行うことであったろう。

　そのため、埋葬される女王は三輪山の主である水神に捧げられるという話になり、通称で箸墓古墳という由縁は、三輪山の端<ruby>端<rt>はし</rt></ruby>即ち同山を水源とする湧水地点にあるということ、また大市墓というもう一つの呼称は、壱與という名が示しているよ

図11-3箸墓古墳

うに、市場を与える大倭王（大市王）であったことによるとみた。

　その後に続いたヤマト国連合王はもちろんのこと、それを支えるため移住してきた各地の有力者も同じ立場なので、同様の墳丘墓を山麓に造り続けている。

　ただし、日本書紀が被葬者としている倭迹迹日百襲姫命については、大物主神と結婚して死に至った巫女とされたが、既述のとおり近江八王子山にあった卑弥呼の墓地を改葬し、合葬したことによるものであった。

## 3．ヤマト国の王制

### ⑴　王制の実態と書き換え

　中国から伝わった陰陽五行思想の影響により、連合の都は倭国全体の中心地に置き、マツリゴトは神事と政事を２人の王が分担してバランスをとる決まりであったが、その内容は弥生時代と古墳時代では異なっている。

　弥生後期の邪馬台国と狗奴国では、神事を担う兄王・姉王の守護神が太陽神で、政事を担う弟王の守護神は月神として陰陽のバランスを保ち、兄王・姉王が神祀りを行う王宮は、太陽が昇る東と沈む西の中間地に設定する東西バランス方式であった。

　しかし、古墳時代のヤマト国となったとき、『記紀』でハツクニシラススメラミコトと尊称された崇神帝は、神事を行う兄王の守護神が北極星神で、政事を行う弟王の守護神は太陽神と

して陰陽のバランスを保つよう改めている。

　つまり、東西バランス方式に南北バランス方式を加え、マツリゴトは中国の皇帝が行っていたそれに倣い、東西南北からみた連合の中心地で行うこととしたものである。

　ところが、7章で触れたとおり600年に推古女帝と聖徳太子が遣隋使を派遣したとき、隋文帝はこうした2人王制よる神政分担の祀りごとは不合理であると批判した。

　そのため、ヤマトは間もなく1人王制に改め、7世紀後葉に天皇制へ移行したとみられるにもかかわらず、『記紀』は昔から天皇制であったとする史実の書き換えを行っている。

　したがって、『記紀』が伝える6世紀以前の王宮と陵墓は、2人王制の実態とは異なるものに改められているとみなければならない。

### (2)　兄王である崇神帝の王宮と陵墓

　崇神帝がヤマト国の初代兄王に就き、統一連合を構築して国家の安寧と豊穣を祈願するため、天御中主神（北極星神）を守護神として四方の神々を祀り、陰の世界（夜）と神事を担当していたのは事実といえるだろう。

　ただし、男系の血統によって皇太子から天皇に即位したとあるのは、天皇制が始まったのはどうみても7世紀後葉以降となるのであり得ず、連合の主要メンバー国による共立であった。

　また、伝承によれば王宮は金屋の辺り、大和川の上流である

初 瀬川の川岸にあった市場の近くに置かれていたといい、真の崇神陵は景行陵の方とする説もある。

ただし、陰陽五行思想に基づいて配置する神祀りの場は、陰と陽の中間地、即ち陵墓予定地と王宮の中間で行うことになる。

しかも、明堂水（聖水）のある水辺であることが必要となるので、巻向川のほとりが選ばれたのであろう。

### (3) 弟王の選任

陽の世界（昼）と政事を担当するのは弟王であるが、『記紀』は「恥じた兄が神事を行い、天皇即位を弟に譲った」との記述が繰り返し出てくる。

仮に崇神帝が弟王であったとすれば、神祀りを熱心に行っている記述とは合わないので、どちらが正しいのかということになる。

単純にみれば、漢風諡号に神が付けられたので、兄王とみるのが正しいということになるが、何かすっきりしない。

おそらく、こうした曖昧な書きぶりとなったのは、天智帝と天武帝の兄弟確執による壬申の乱があった後なので、執筆者が天武帝に遠慮したからではないだろうか。

『記紀』では２人王制が完全に無視されているものの、連合の加入国にとって政事を担う弟王の選任は、自国の利益にも直結する重大な関心事であり、どのような選任を行っていたのか考察してみよう。

『記紀』によれば、大和で干ばつが起きるのは、天照大御神（日神）の神力が強すぎるからだとし、天皇は適地でその祭祀行うため、皇族を派遣したということになっている。

しかし、それは天皇制を採用した以降のことで、600年の遣隋使は弟王の守護神が日神だといっており、その祭祀は太陽が昇る日の出前に、兄王が行っていたとみるのが妥当であろう。

ところが、元伊勢といわれる日神の祭祀地は、大和はもとより備前・丹波・近江・紀伊・伊勢・美濃・尾張など広範囲にあり、弟王の守護神である日神が各地を転々としている。

これをどうみればよいのか。政事を執る弟王が各地を転々とするわけがなく、かといって守護神不在の都で、兄王が祭祀を行うというのも不思議なことである。

であれば、弟王は兄王の血族者からではなく、有力な連合加入国王の中から選任する仕組みがあったのではないか。

現に、これらの国には大きな前方後円墳があり、弟王の墓地は大和には造らず出身国に造られたとみれば納得がいく。

兄王と弟王の関係を題材にしたとみられる「海幸彦と山幸彦」の神話が古事記にある。海幸彦とは兄の火照命だから干ばつを起す神で、山幸彦とは弟の火遠理命だから干ばつを押さえる神となる。

兄の持ち物である釣り針を借りて失くした弟は、剣を潰してたくさんの釣り針を作り、兄に返そうとしたが許してくれず、海神宮を訪問して失くした釣り針をやっと探し当てたとあ

る。

大和は干ばつが起きやすい地勢や気象であることは否めなく、おそらく弟王はそのつど責任を取って交代となったことが、このような神話になったとみた。

弟王の出身国では大和が干ばつにならないよう熱心に祭祀を行い、それでも起きたときは兄王から罷免され、なおかつ食糧を供出しなければならなかったと解される。

このことは、多くの大災害を経験してきた倭国において、王の責任の取り方はどうあるべきかという問題に関わってくる。

## 4. 王の責任の取り方

水田稲作を生業とする弥生人にとって最も重要な神は、穀物神・大地神・太陽神・水神であり、シャーマンである王の仕事は、神の怒りに触れることのないよう奉仕をすることであった。

こうした祭祀の基本的な在り方は、祭祀具が銅剣・銅鐸から鉄剣・銅鏡に変わっても大きく変わることはなかったとみられる。

即ち、洪水や干ばつで被害があったとき、王の普段の行いに問題があったとみられ、被害が軽ければ交代、重ければ殺されるという厳しい責任が伴っていた。

この点が中国の皇帝とは違っている。皇帝は自ら責任を負うことはなく、責めを負うのは次位にいる丞相で、皇帝から辞任を求める使者がくると、直ちに城門から退出して去る決まりと

なっている。

　こうしたことから、災害の多い倭のクニ・国ではシャーマン王の在位期間は比較的短く、例えば出雲における歴代の王は、墳墓の築造年代からみて10年から15年で交代していたと推定され、予言・予知能力が優れていれば子供を選出する場合もあった。

　したがって、卑弥呼が60年以上で壱與が20年以上という在位期間の異常な長さは、極めて特異なことである。この間、後期邪馬台国に大洪水や干ばつが一回もなかったとは到底考えられない。

　となれば、2人の女王はその責任を取る必要はなかったということになる。取りも直さずそのことは2人が邪馬台国王ではなく、あくまでも邪馬台国連合の王であったことを示しているとみられる。

　そのことを『魏志』倭人伝では共立といい、連合の加入国が同意した連合王ということであって、邪馬台国王であったとは書かれていない。

　邪馬台国とは女王のいる都がある国だと書かれているので、邪馬台国内には別に王がいた可能性があり、その場合彼も共立者のひとりであったということになる。例えば、次の墳墓はその王墓とみられるものである。

　①冨波古墳（滋賀県野洲市）
　　3世紀後葉の前方後方形墳丘墓

42×19〜20m（高さ削平により不明）

銅鐸出土地の大岩山古墳群にある。

②神郷亀塚古墳（滋賀県東近江市）

　３世紀前葉の前方後方形墳丘墓

　約36.5×25×5.8m

　おそらく、こうしたことは狗奴国にもいえることで、そうした王墓は平地に造られ、前述した高地塚墓は連合の王と高官の役人であった可能性が高い。

　以上のことからみて、連合の宗主国である後期邪馬台国の女王と狗奴国の男王、また統一連合の宗主国となったヤマト国の兄王にあっては、中国式の責任の取り方により近づいたといえるであろう。

# 12章　倭国の対外関係

## 1．崇神帝の時代

　3世紀末葉の崇神帝から始まる古墳時代となって、ヤマト国連合は旧連合時代の緩やかな統治方式をより強力なものに改めるため、武人（将軍）を四道（北陸道・東海道・西海道・丹波道）に派遣した。

　その目的を具体的な施策でいえば、連合政府に必要な神事・政事・軍事・墳墓造成の各部門に要する物資や労役を整えるため、地方首長に対し徴税を賦課するためである。

　さらに、制度を確実に担保するため、地方国の主要な王を大和に居住させ、連合の弟王を補佐させた。これはある意味、人質を求めたともいえよう。

　こうした改革の背景にあったのが、朝鮮半島の弁韓・辰韓にあった鉄資源を巡っての争いである。倭国における伊都国と奴国の競争、邪馬台国と狗奴国の抗争の先にあるものは、結局鉄材の取得を巡るものであった。

　3世紀後葉に晋の朝鮮支配が弱体化したとき、大国の扶余・高句麗が南下し、小国連合であった4者（馬韓・弁韓・辰韓・倭国）の勢力争いに割って入り、合従連衡の争いを繰り返すこととなる。

　日本書記崇神紀7年の条に、三輪山の大物主神が「吾子の大

田田根子に吾を祀らせれば立ち所に国は治まり、海外の国も自ら降伏するだろう」とあり、海外との交易は決して平和裏に行われていたわけではなかった。

　崇神帝の末期、晋と朝鮮の動きは次のようになり、これによって倭国は翻弄される。

　304年（恵帝）　晋に西北方から胡人が侵略

　313年（懐帝）　高句麗により楽浪郡滅亡

　314年（愍帝）　高句麗により帯方郡滅亡
　　　　びん

　316年（同帝）　晋滅亡

　317年（元帝）　華南に移動して東晋を建国

　318年　崇神帝死去


## 2．景行帝の時代

　4世紀中葉の垂仁帝の時代、朝鮮は高句麗・百済・新羅・加羅国連合・ヤマト国連合の争いとなり、後葉の景行帝の時代になったとき、高句麗・新羅と百済・加羅国連合・ヤマト国連合の同盟が対決した。

　この同盟に寄せて神功紀52年百済からヤマト国連合に贈られたという七支刀は、石上神宮（奈良県天理市）が所蔵しており、その表裏に金象嵌の銘文が刻まれている。
　　　　　　　しちしとう　　　いそのかみ

　それによれば、泰和4年（369年）の制作で、372年近肖古
　　　　　　　　　　　　　　　　　　　　　　　　きんしょうこ
王（在位346～375年）が景行帝に贈ったものとみられた。

　㊟百済は朝貢した中国南朝東晋の年号を使っており、「泰和」は「太和」

　の誤りである。

　従来の説は『記紀』を重視して仲哀帝に贈ったとしているが、成務帝・仲哀帝・応神帝（誕生の部分）・神功皇后関わる記述は信用できない。

　また、神功皇后とは3世紀前半の邪馬台国連合の女王であった卑弥呼と壱與のことであると単純に割り切っていることも理解できない。

　『記紀』が引用している『魏志』と『起居中（ききょちゅう）』があれば、いくら皇后が長命の人であったとはいえ、年代の異なる別人であることは明らかなので、そうした説は成立し得ず、唐の則天武后（そくてんぶこう）（690〜705年、周の女帝）の活躍をヒントに、意図的な創作加上があったものとみるべきである。

　その真意は、長命で偉丈夫な皇后を登場させることにより、倭国は九州にある国だがヤマト（日本）国は本州にある国であり、当初から別の国であったことを明らかにするためであった。

　したがって、ヤマト国の国史である『記紀』に倭国の女王朝貢を参考的に付加して方便を立てたのであり、これには次に取り上げる白村江の敗戦が絡んでいるので、ここに登場する人物の実在性はないとみなければならない。

　その後の動きは、414年制作の高句麗好太王（こうたい）（在位392〜412年、別名では広開土王）碑に記されている。それによれば、当初は百済同盟が新羅同盟を圧倒していたが、4世紀末葉から5世紀初頭になると逆転したとある。

　新羅同盟の勝利は、4世紀半ばに鉄材を溶融して精錬を行う最先端の製鉄技術を取得し、武器の製造が質量ともに飛躍したことにあった。

　海を隔てたヤマト国連合にとって、長期にわたる軍兵の派遣や武器兵糧の調達は大きな負担となり、徴発された多くの兵士と南朝鮮における同盟国を失ったのであろう。

　これに国内の首長が反発して連合は分裂状態となり、景行帝から応神帝への移行期に内乱が起き、「タラシ」系から「ワケ」系に王朝が交代した可能性が高い。

　ここで注目されたのは、景行帝が大和（纒向日代宮）から近江（滋賀高穴穂宮）に遷宮したことである。朝鮮における戦いが不利となり、国内産の鉄材活用に力を入れるとともに、灯火連絡網を使用する北九州との情報伝達を速やかに行う狙いがあったのではないか。

　同帝が亡くなった後の4世紀末葉は、内乱が起きて大王（連合王）は空位となったことが応神帝誕生の秘話になったのであろう。

## 3．王朝の交代

　古墳時代から始まったヤマト国統一連合の王朝は、概ね4世紀の崇神王朝→5世紀の応神王朝→6世紀の継体王朝へと、1世紀ごとに交代を繰り返した。

　倭国は鉄鉱石資源に恵まれなかったため、鉄材を朝鮮に頼ら

なければならないという宿命的な地勢がその原因にある。

　鉄材が順調に入ってこないとき、朝廷は朝鮮に兵を派遣して戦い、敗れると国内の首長が反発して王朝の交代となった。つまり、当時の王朝交代とは、鉄鍛冶王の交代に他ならない。

### (1)　応神王朝

　『記紀』の景行紀をみると、その大半は白鳥伝説の元祖である日本 武 尊に関する英雄譚となっている。朝鮮から鉄材が順調に入らなくなり、当時の朝廷が東国や九州中南部方面から代替確保のため、東奔西走していたことを裏付けるものである。

　東海道筋にその伝説が数多くあるのは、旧狗奴国系の有力者である蘇我氏が、産鉄遊民の須賀族と鍛冶師の荒族を叱咤激励し、鉄材の確保に努めていたことを反映しており、日本武尊とはその有力者に他ならない。

　5世紀に始まるヤマト国連合王の系譜は、王墓が河内にあることから、それまでの大和三輪山王朝（タラシ系）から河内王朝（ワケ系）に変わり、王統の交代があったという有力説があり、妥当なものであろう。

　この時期、戦いに敗れた加羅国連合から、多くの先進技術を持つ工人を引き連れた王が倭国に渡来、即ち亡命してきた。その中に、鉄材を溶融して精錬を行う最先端の製鉄技術を有する集団がおり、大和川に近い大県遺跡（大阪府柏原市）に大生産拠点を造っている。

　朝鮮における勢力争いに敗れた大和三輪山王朝の景行帝は、没後に王権を河内王朝に差し出すこととなったので、その陵墓は応神陵の近くにあるとみなければならない。

　4世紀後葉で応神陵に先立つとされる津堂城山古墳（大阪府藤井寺市）は、墳墓の方位が南東向きの辰年か巳年なので、壬辰（392年）か癸巳（393年）となり、有力な候補とみられる。

　既述のとおり、大和三輪山王朝は邪馬台国に繋がる物部氏系によるが、河内王朝は狗奴国に繋がる蘇我氏系が支援したことによるものであろう。


⑵　倭の5王と天皇の関係

　5世紀のヤマト国連合は百済と同盟を結び、中国南朝と朝貢関係を再開したことは、中国南朝史から知ることができる。登場する倭の5王と天皇の関係がどのようになっているのか、陵墓の方位とその干支年からみてみよう。

　①倭王讃

　　421年南朝宋武帝（在位420〜422年）に朝貢

　　425年同文帝（在位424〜453年）に朝貢

　　誉田山古墳（大阪府羽曳野市）が応神陵であるとすれば、墳墓は南南東の方位（巳年）で、没年は乙巳（405年）か丁巳（417年）となり、朝貢年と合わない。

　　一方、大仙陵古墳（大阪府堺市）が仁徳陵であるとすれば、墳墓は北北東の方位（丑年）で、没年は乙丑（425年）と

なり、朝貢年と合う。

②倭王珍

　430年南朝宋文帝（在位424 ～ 453年）に朝貢

　ミサンザイ（河内大塚山）古墳（大阪府堺市）が履中（りちゅう）陵であるとすれば、墳墓は北北東の方位（丑年）で、没年は丁丑（437年）となり、朝貢年と合う。

③倭王済

　438年南朝宋文帝（在位424 ～ 453年）に朝貢

　443年　　同上　（　　同上　　）に朝貢

　田出井山（たでいやま）古墳（大阪府堺市）が反正（はんぜい）陵であるとすれば、墳墓は北北東の方位（丑年）で、没年は己丑（449年）となり、朝貢年と合う。

④倭王興

　451年南朝宋文帝（在位424 ～ 453年）に朝貢

　460年同　孝武帝（在位453 ～ 464年）に朝貢

　市野山（いちのやま）古墳（大阪府藤井寺市）が允恭（いんぎょう）陵であるとすれば、墳墓は南の方位（午年）で、没年は丙午（466年）となり、朝貢年と合う。

　なお、安康（あんこう）帝は在位1年余で暗殺されたので朝貢は不可能とみられ、同帝の倭王興説は成り立たない。

⑤倭王武

　477年南朝宋順帝（在位476 ～ 479年）に朝貢

　478年　　　同帝に上表文奉呈

479年南朝斉高帝（在位479〜482年）から鎮東大将軍に補任

502年南朝梁武帝（在位502〜549年）から征東将軍に補任

円墳の島泉丸山古墳（大阪府羽曳野市）が雄略陵だとすれば、墳墓は西の方位（酉年）で、没年は癸酉（493年）となる。

真陵は仲哀陵とされた前方後円墳の岡ミサンザイ古墳（大阪府藤井寺市）であるとすれば、墳墓は北北東の方位（丑年）で、没年は丁丑（497年）となる。

5世紀後葉の雄略帝による大改革は、連合国家を統一国家に変えようとしたもので、伝統や慣習を打破するため、新興の地方豪族を中央に出仕させ、かつて弟王を出してきた地方の保守的な王家を排除することにあった。

こうした大胆な改革を自ら行なった実績からみれば、前方後円墳ではなく円墳が妥当であろう。

なお、502年南朝梁武帝から征東将軍に補任されたのは清寧帝とみられ、倭王武の記述は誤りとなる。

### (3)　継体王朝

　6世紀に始まる継体王朝の発足当初は物部氏が支え、その原動力となったのが丹後半島にある遠所遺跡（京都府京丹後市）で、大県遺跡を上回る鉄生産の拠点である。

　527年筑紫国造の磐井氏を滅ぼしたことにより、ヤマト国連

合は統一国家のヤマトとなり、百済・加羅国連合と組んで新羅・
高句麗の同盟に対抗した。

　6世紀後半になるとヤマトは仏教の導入に成功した蘇我氏が
強大となり、国内統一基盤の強化に傾注している。

　だが、対外的には562年加羅国連合が新羅によって滅ぼされ
たことにより、百済・ヤマト同盟は弱体化した。


## 4．飛鳥時代

　589年隋初代文帝（在位581～604年）が中国再統一を果た
したとき、周辺諸国は朝貢の使者を送っている。倭国もその例
に漏れず、600年ヤマトの推古女帝と聖徳太子が遣隋使を派遣
した。

『隋書』倭国伝によれば「太子を名づけて利歌弥多弗利と為す」
とある。だが、その読み方を「リカミタフリ」、「ワカミタヒラ」、
「ワカミトホリ」などと読むので意味不明となる。

　そうではなく、使者が万葉仮名で示したとみれば「トカァミ
ダブット」→「徳阿弥陀仏徒」→「有徳者の仏教徒」となり、
聖徳の号に合致する。

　隋2代煬帝（在位604～618年）は朝鮮支配の復活に乗り出し、
3回（612～613年）に及ぶ高句麗征伐を行ったが失敗して隋
が滅んだ。

　続いて、唐2代太宗（在位626～649年）も同様の征伐（644
～649年）を行ったが失敗している。

　この頃のヤマトとすれば、中国の征伐軍を何度も跳ね返してきた高句麗と組めば、勝利は得られるとの見通しに立ったのは無理もないことであった。

　病弱であった唐3代高宗（在位649〜683年）に代わり、則天武后は強敵の高句麗に内部分裂の謀略を仕掛けている。

　その結果、抵抗ができなくなったことを確かめ、今度は新羅と組んで弱体の百済を先に攻撃し、661年にこれを滅ぼした。

### (2)　ヤマトの白村江敗戦

　思わぬ誤算をしたヤマトは敗れた百済を再興し、高句麗を助けるため朝廷を九州に移動して戦いに備えた。

　そのとき、斉明女帝は九州朝倉宮で急死する事態となったが、この戦いに不満を持つ内部関係者が密かに葬ったとみる識者もいる。

　663年中大兄皇子は陸上軍と水軍を百済に派遣したが、百済復興軍は戦いの最中に内紛が起き、漁民が中心のヤマト水軍は弱体であり、白村江の戦いで唐水軍に大敗した。

　そのため、ヤマトは西国から徴発した多くの兵士と朝鮮にあった同盟国を失い、従った首長らの反発から国家が分裂状態となったことは、景行帝の敗戦と瓜二つである。

　一連の敗戦処理については、中国側にも日本側にも詳しい記録は残されていないが、多くのヤマト兵が現地に捨て置かれ捕虜になったのであろう。

　侵攻を恐れたヤマトは、西日本に朝鮮式山城を築くなどして防備に努めていたところ、665年唐は水軍を北九州に派遣し、和戦両様の構えを見せながら、捕虜の処遇や戦争の責任を求めて交渉を迫ったとみられる。

　この非常事態にヤマトがどう対応したのか、史書に記述がないので、日本国は倭国の別種だとした『旧唐書』倭国伝・日本伝、あるいは史実にあるその後の状況などから、講和談判の状況を推察してみよう。


### (3)　敗戦後の講和

　ヤマトは本州への侵攻を防ぐため必死であり、出兵したのは九州の倭国であって本州のヤマトとは関係がない、と弁明したことがうかがわれる。

　その結果、唐は朝鮮のみならず九州まで属国支配を拡大し、漢時代の版図に戻った。

　これを喜んだ高宗は、666年泰山で封禅の儀式を挙行することとし、勝者の新羅のほか敗者である百済・高句麗・倭国の酋長（首長）にも参列を強請している。

　この場合、敗者は人質となることを意味し、倭国では筑紫君（つくしのきみ）ら3名が連行された。

　ヤマトの中大兄皇子は国家分裂を防ぐため、律令国家の実現とナショナリズムの確立に奔走したが、正式な天皇即位を長く固辞し続けている。

　倭国を見捨てて身代わりの人質を送ったことから、重責の念に駆られたものであろうか。正式な天皇即位は668年であった。

　同年に高句麗が滅び、670年唐と新羅の戦いが始まると、翌年唐は倭国の人質に帰国を許したが、この戦いは長期戦となり、676年唐は撤退に追い込まれ、新羅が念願の朝鮮統一を果たしている。

## 4．敗戦後の『記紀』編纂

### ⑴　蘇我氏と大海人皇子

　671年人質となっていた筑紫君らが唐から帰国したとの報に接した天智帝が亡くなった。平安時代の比叡山僧による『扶桑略記』によれば行方不明とあり、近江ヤマト政権で後継者争いが起きた。

　皇太弟の大海人皇子と太政大臣の大友皇子、即ち叔父と甥による争いとなった672年の壬申の乱がそれである。

　この乱では、白村江の海戦で大きな犠牲を払った西日本の豪族は動かず、大海人皇子に加勢したのが狗奴国のあった美濃・尾張の勢力であった。

　約１カ月に及ぶ戦いで勝利したのが大海人皇子で、翌673年天皇即位を果たしている。

　ところで、天智帝と天武帝は実の兄弟ではなかったとする説があるように、天武帝の生年は不詳であり、皇統が異なっていたことも考えられる。

　推古女帝時代に作られたとされる『天皇記』・『国記』は、蘇我氏の滅亡時に大方焼失していたため、天武帝は新たな編纂を命じた。

　蘇我氏がそれを持っていたのだろうか。一見不可思議なことにみえるのだが、よくみると理解ができる。

　朝鮮語の発音でみれば、前述のとおり蘇我と須賀は同音同語とみられ、蘇我氏は海道の蝦夷といわれた鍛冶師荒族と産鉄遊民須賀族を支配することによって力があった。

　蘇我蝦夷という名はそのことに因むもので、奴婢と支配者の関係にあったことを表わしている。

　海道の蝦夷は中央にいた蘇我氏の指示により、金属や玉石を探査して採集し、鍛冶業に従事していたのだが、本宗家が滅ぼされたことに伴い、その身は自由になったものの、滅ぼしたヤマト朝廷には長らく抵抗してきた。

　前述のとおり、高麗系の産鉄遊民である須賀族の祖先神は須佐之男命であり、卑弥呼女王と戦った卑弥弓呼男王も高麗系の鉄鍛冶王で同系である。

　したがって、蘇我氏の祖先は東遷して狗奴国を建てた神武帝の系列に繋がっていた可能性があり、『天皇記』・『国記』を保有していたとしても不思議ではない。

## (2)　記紀編纂の深謀遠慮

　『古事記』が完成したのは712年元明女帝のとき、『日本書記』

が完成したのは720年元正女帝のときであった。

　いつ何があったのかという歴史的事実を記載する中国の国史からみれば、多くの神話を盛り込んだ『記紀』の内容は異例の文献といえる。

　史実ではない謎を呼ぶ記述の一例として、神功紀伝がある。日本書紀によると、神功皇后のとき倭の２人の女王が中国の魏・晋に朝貢したと記述された。

　女王が『魏志』倭人伝にある邪馬台国の卑弥呼と壱与であることは明らかだが、これをヤマト朝廷の都合による改作とみただけでは実相が見えてこない。

　なぜ、無理な改作に追い込まれたのか、それなりの理由があったはずとみれば、真相が見えてくる。

　太陽神である天照大御神を女神とし、アジアの諸国では極めて稀な女王がいたことをみれば、自国の女王の朝貢を国史に記すのに、他国史を引用した伝聞形式で記述するはずもない。

　つまり、皇后はヤマト（日本）国の人なので、朝貢した倭国の女王とは別の国であるということを明らかにするための改作であった。

　『記紀』はあくまでもヤマト（日本）国の国史であって、倭国のそれとは違うということになる。神功紀伝に倭の女王とわざわざ国名を付記したのはそのためで、この場合倭はワと読むべきであり、ヤマトと読むべきではない。

　ただし、神功皇后は応神帝時代の人であるから、実年代は４

世紀後葉から5世紀前葉の頃となり、卑弥呼女王が魏に朝貢し
たのは3世紀中葉であるから、時代を1世紀半ほど遡らせるこ
とになった。

　倭国に関するこうした『記紀』の注意深い編纂方針をみれば、
邪馬台国が本州にあったことの正確な伝承が、飛鳥・奈良時代
にはあったことを示したといえる。

　だが、唐に対する弁明の手前、朝貢した倭国の女王墓が本州
にあってはならず、改葬などによってひた隠しの工作をしたこ
とが予想される。同時に、魏が授けた金印・銀印などの遺物も
何らかの処理をしたであろう。

　ヤマトの主張に疑問を持った唐は、後年に使者を派遣してそ
の真偽を確かめたとみられ、『新唐書』日本伝ではこのことが
修正され、その王は32代にわたって奴国の筑紫城にいたが、
神武帝のとき大和州（本州）に遷ったとしている。
『記紀』などを参照して見解が変わったことは明らかで、なぜ
日本国史を漢文調で記載したのかという疑問も氷解する。

　こうした経過を知ってか知らずか、邪馬台国九州説の論者
が倭国九州説を有力な根拠としていることは皮肉というほかな
い。

## 邪馬台国関連年表

### 紀元前

| 縄文時代 | |
|---|---|
| 〜 | 服部遺跡 |
| 弥生時代 | |
| 271 年 | 下之郷遺跡（通説と年輪年代測定合致） |
| | 中国と朝鮮の混乱に伴い渡来人増加 |
| 〜 | 一般民と指導者の住区分離 |
| | 環溝内に大型建物が登場 |
| 108 年 | 前漢武帝が朝鮮に 4 郡設置 |
| 〜 | 播磨田東遺跡 |
| 50 年 | |
| | 南海トラフ大地震・大津波 |
| 〜 | 奴国・伊都国が前漢に朝貢 |
| | 墳墓の大型化 |

### 紀元後

| 1 年 | 王莽が実権を握り国政の総覧者に |
|---|---|
| 4 年 | 王莽が長安城の南郊に明堂を設置 |
| 5 年 | 伊都国が前漢平帝に朝貢 |
| 8 年 | 王莽が新を建国 |
| 23 年 | 新滅亡 |
| 25 年 | 後漢光武帝が即位し洛陽に遷都 |
| 〜 | 二ノ畔横枕遺跡（年輪年代測定に誤差） |
| 57 年 | 伊都国が後漢光武帝に朝貢 |
| | 伊都国王近江に東遷し前期邪馬台国建国 |
| | 酒寺遺跡 |
| 〜 | 奴国王西濃に東遷し狗奴国建国 |
| | 前期邪馬台国が伊勢遺跡設置 |

| | |
|---|---|
| | 狗奴国が東濃・尾張を前期邪馬台国から奪取 |
| 107 年 | 狗奴国と前期邪馬台国が後漢安帝に合同朝貢 |
| 132 年 | 高句麗国祖王が楽浪郡太守を捕縛 |
| 〜 | 狗奴国が象鼻山に上円下方壇設置 |
| 177 年 | 気候大変動と大震災で倭国大乱 |
| 〜 | |
| 184 年 | 後漢遼東郡太守に公孫度 |
| 185 年 | 後期邪馬台国が卑弥呼を女王に共立 |
| 192 年 | 長安遷都を強行した実力者董卓を殺害 |
| | 公孫度が遼東候を名乗り楽浪郡を回復 |
| 204 年 | 遼東候公孫康が立ち帯方郡設置 |
| 220 年 | 後漢が滅び魏建国 |
| 228 年 | 遼東候公孫淵が立つ |
| 238 年 | 魏が公孫を滅ぼし各郡に太守派遣 |
| | 後期邪馬台国が魏明帝に朝貢 |
| 239 年 | 卑弥呼女王と卑弥弓呼男王の対立激化 |
| 240 年 | 伊都国に帯方郡の使者来着 |
| 243 年 | 後期邪馬台国が魏に朝貢し救援依頼 |
| 245 年 | 魏が後期邪馬台国に軍旗黄幢を下賜 |
| 247 年 | 楽浪郡・帯方郡に濊族・韓族乱入し激戦 |
| | 後期邪馬台国が帯方郡に救援嘆願 |
| | 魏が後期邪馬台国に帯方郡の武官派遣 |
| | 卑弥呼女王死去し八王子山に埋葬 |
| 248 年 | 帯方郡から武官到着 |
| | 後期邪馬台国が男王を立て内乱発生 |
| 249 年 | 後期邪馬台国が壱與女王を立て内乱終息 |
| 250 年 | 後期邪馬台国が魏に朝貢し武官帰国 |
| 264 年 | 崇神帝が後期邪馬台国の男弟王に就任 |

| | |
|---|---|
| 265 年 | 魏が滅び晋建国 |
| | 壱与女王と卑弥弓呼男王が和解 |
| | 卑弥弓呼男王が象鼻山で二至二郊の祀り |
| 266 年 | 壱与女王と卑弥弓呼男王が晋武帝に合同 |
| | 朝貢し共に爵位取得 |
| 270 年 | 壱与女王死去し後期邪馬台国滅亡 |
| 271 年 | 崇神帝がヤマト国建国 |
| 273 年 | 狗奴国の卑弥弓呼男王死去 |
| 278 年 | 狗奴国の開化帝がヤマト国に国譲り |
| 280 年 | ヤマト国の崇神帝が統一連合発足 |
| 285 年 | 晋の朝鮮支配弱体化 |
| | 漢人商人が倭国との交易から撤退 |
| | 伊都国女王死去 |
| 286 年 | 高句麗西川王が帯方郡攻撃 |
| 288 年 | ヤマト国連合 30 カ国余が晋武帝に朝貢 |
| 316 年 | 晋滅亡 |
| 372 年 | 百済王が景行帝に七支刀寄贈 |
| 〜 | |
| 421 年 | 仁徳帝（倭王讃）が南朝宋武帝に朝貢 |
| 425 年 | 同上 |
| 430 年 | 履中帝（倭王珍）が南朝宋文帝に朝貢 |
| 438 年 | 反正帝（倭王済）が南朝宋文帝に朝貢 |
| 443 年 | 同上 |
| 451 年 | 允恭帝（倭王興）が南朝宋文帝に朝貢 |
| 460 年 | 同帝が南朝宋孝武帝に朝貢 |
| 477 年 | 雄略帝（倭王武）が南朝宋順帝に朝貢 |
| 478 年 | 同帝が順帝に上表文奉呈 |
| 479 年 | 同帝が南朝斉高帝から鎮東大将軍に補任 |

| | |
|---|---|
| 502 年 | 清寧帝が南朝梁武帝から征東将軍に補任 |
| 600 年 | 推古帝が隋文帝に使者派遣 |
| 〜 | |
| 661 年 | 唐・新羅の攻撃で百済滅亡 |
| 663 年 | 白村江でヤマト水軍が唐水軍に大敗 |
| 664 年 | 則天武后が全権掌握 |
| 665 年 | 唐が北九州に水軍派遣し講和交渉 |
| | 朝鮮と倭国（九州）が唐の属国に |
| 666 年 | 筑紫君ら 3 人が唐の人質に |
| | 唐高宗が泰山で封禅の儀式 |
| 667 年 | ヤマト（本州＝日本）国が近江に遷都 |
| 668 年 | 唐・新羅の攻撃で高句麗滅亡 |
| | 中大兄皇子が天皇即位（天智帝） |
| | 日吉大社を都の守護神に |
| 670 年 | 唐と新羅が開戦 |
| 671 年 | 筑紫君ら 3 人を唐が解放 |
| | 倭国がヤマト国に復帰 |
| | 天智帝逝去 |
| 672 年 | 壬申の乱が起き大海人皇子が勝利 |
| 673 年 | 大海人皇子が天皇即位（天武帝） |
| 678 年 | 唐が朝鮮から撤退 |
| 〜 | 天武帝が古事記・日本書紀の作成指示 |
| 686 年 | 天武帝逝去 |
| 712 年 | 古事記成立 |
| 720 年 | 日本書紀成立 |

## 参考文献

愛知県埋文センター　1996年　埋蔵文化財愛知No.45

明石茂生　2011年　成城・経済研究第193号（漢の市場）

赤塚次郎　2009年　幻の王国・狗奴国を旅する　風媒社

足立倫行　2010年　激変！日本古代史　朝日選書

網野善彦外　2010年　馬・船・常民　講談社学術文庫

池田知久　2012年　淮南子　講談社学術文庫

石井正巳　2008年　図説古事記　河出書房新社

稲田義行　2016年　陰陽五行　日本実業出版社

井上秀雄　2012年　古代朝鮮　講談社学術文庫

井上光貞　2000年　日本国家の起源　岩波書店

岩永省三　2010年　弥生首長層の成長と墳丘墓の発達

岩堀利樹　2010年　正史三国志　文芸社

上田正昭　2010年　大和朝廷　講談社学術文庫

宇治谷孟　2010年　日本書紀　講談社学術文庫

梅原猛　2010年　葬られた王朝　新潮社

会下和宏　2006年　日本考古学第23号（弥生の鉄剣鉄刀）

大島正二　2007年　漢字伝来　岩波新書

大林太良外　2009年　東アジア民族の興亡　日本経済新聞社

大和岩雄　2000年　新邪馬台国論　大和書房

小和田哲男　1969年　日本の歴史がわかる　三笠書房

小山浩和　2009年　山陰地方における弥生時代の玉作

笠原英彦　2004年　歴代天皇総覧　中公新書

上垣外憲一　2014年　倭人と韓人　講談社学術文庫

加藤徹　2008年　弥生時代の鋳造鉄斧の流通

門脇禎二　2012年　葛城と古代国家　講談社学術文庫

鎌田東二外　2011年　日本のまつろわぬ神々　新人物往来社

川勝義雄　2011年　魏晋南北朝　講談社学術文庫

河合忍　2014年　弥生・古墳時代の洪水痕跡

北九州市芸術文化振興財団　2014年　城野遺跡

岐阜県教育委　2013年　岐阜県重要文化財の指定

金達寿　2010年　日本古代史と朝鮮　講談社学術文庫

窪田徳郎　2009年　鉄から読む日本の歴史　講談社学術文庫

窪徳忠　2010年　道教の神々　講談社学術文庫

熊谷公男　2013年　大王から天皇へ　講談社学術文庫

倉野憲司　2013年　古事記　岩波書店

神野志隆光　2013年　古事記とは何か　講談社学術文庫

国立歴博　2000年　倭人をとりまく世界　山川出版社

後藤聡一　2010年　邪馬台国近江説　サンライズ出版

駒田信二外1981年　三国志の世界・長安の春秋　集英社

小路田泰直　2012年　邪馬台国と鉄の道　洋泉社

佐藤寛　2001年　古代史論争歴史大辞典　新人物往来社

阪下圭八　2004年　日本神話入門　岩波ジュニア新書

滋賀県文化財保護課　2014年　湖底遺跡

滋賀県文化財保護協会　1996年　紀要第9号

司馬遼太郎外　1981年　人物中国の歴史3　集英社

島根県　2014年　収蔵品ガイド

白川静　2011年　新訂字訓　平凡社

関和彦　2007年　古代出雲への旅　中公新書

関裕二　2000年　謎とき古代日本列島　講談社

高久健二　2012年　楽浪郡と三韓の交易システムの形成

瀧音能之　2006年　古事記と日本書紀　青春出版社

瀧音能之　2010年　古代史　新人物往来社

武末純一　2012年　弥生の村　山川出版社

武末純一外　2011年　弥生時代　河出書房新社

多田一臣　2014年　万葉語誌　筑摩選書

田中俊明　2013年　古代の日本と加耶　山川出版社

谷有二　2002年　山の名前で読み解く日本史　青春出版社

谷川健一　2002年　日本の地名　岩波新書

谷川健一外　2012年　地名の古代史　河出書房新社

玉田芳英　2009年　史跡で読む日本の歴史1　吉川弘文館

塚口義信　2016年　邪馬台国と初期ヤマト政権　原書房

次田真幸　2014年　古事記（上）・（下）講談社学術文庫

都出比呂志　2011　年古代国家はいつ成立したか　岩波新書

寺島薫　2012年　王権誕生　講談社学術文庫

鳥取県　2003年　四隅突出型墳丘墓

藤堂明保外　2012年　倭国伝　講談社学術文庫

豊田有恒　2006年　歴史から消された邪馬台国　青春出版社

鳥越憲三郎　1992年　古代朝鮮と倭族　中公新書

鳥越憲三郎　1994年　弥生の王国　中公新書

直木幸次郎　2011年　日本古代国家の成立　講談社学術文庫

中村智孝　1996年　近江における玉造り　紀要第9号

奈良教育大　2013年　鉄の歴史

西嶋定生　2011年　邪馬台国と倭国　吉川弘文館

西嶋定生　2013年　秦韓帝国　講談社学術文庫

布目潮渢外　2013年　隋唐帝国　講談社学術文庫

野島永　2004年　弥生時代後期・古墳時代初頭の鉄製武器

野島永　2005年　鉄から見た弥生・古墳時代の日本海交流

野島永　2006年　弥生時代における鉄器保有の一様相

野島永　2008年　弥生・古墳時代における鉄器文化

畑井弘　2011年　物部氏の伝承　講談社学術文庫

肥後弘幸　2010年　方形貼石墓概論　京都府埋文論集第6集

日立金属　2014年　たたらの話

広瀬和雄　2010年　前方後円墳の世界　岩波新書

福井県　2014年　福井県史　通史編一　原始・古代

福永伸哉　2008年　大阪平野における三世紀の首長墓と地域

藤井勝彦　2012年　邪馬台国　新紀元社

前田晴人　2006年　古代出雲　吉川弘文館

藤原哲　2011年　弥生社会における環濠集落の成立と展開

古田武彦　1973年　失われた九州王朝　朝日新聞社

松前健　2004年　日本の神々　中公新書

松本岩雄外　2004年　弥生時代前・中期の玉と玉作

右島和夫外　2011年　古墳時代　河出書房新社

三橋健　2011年　伊勢神宮と出雲大社　PHP

水野正好外　2010年　邪馬台国　雄山閣

村上隆　2007年　金・銀・銅の日本史　岩波新書

森浩一　2010年　倭人伝を読み直す　ちくま新書

安田善憲　2008年　男鹿・一ノ目潟地層分析

吉田敦彦　2014年　日本神話の源流　講談社学術文庫

■著者略歴

千城　央（ちぎ・ひさし）

本名　　佐藤明男
1946年　宮城県生まれ
1969年　山形大学文理学部卒
2006年　宮城県出納局長
2011年　宮城県図書館長
2015年　守山弥生遺跡研究会会員

**主要著書**
2012年　古代東北の城柵と北斗七星の祭祀（無明舎出版）
2012年　新版・ゆりかごのヤマト王朝（無明舎出版）
2013年　エミシとヤマト ―鉄と馬と黄金の争奪―（河北新報出版センター）
2014年　近江にいた弥生の大倭王（サンライズ出版）
2015年　邪馬壹国からヤマト国へ（サンライズ出版）

邪馬台国と狗奴国の時代
―古墳の方位が示すもの―

2018年6月30日　第1刷発行　　　　　　　　N.D.C.210

著・発行　　千城　央

発　　売　　サンライズ出版株式会社
　　　　　　〒522-0004 滋賀県彦根市鳥居本町655-1
　　　　　　TEL 0749-22-0627　FAX 0749-23-7720
印刷・製本　　サンライズ出版